提摩太·凯勒 / 著

王建国 / 译

Timothy Keller

十架君王

—— 理解耶稣的生与死

KING'S CROSS

The Story of the World in the Life of Jesus

上海三联书店

King's Cross
The Story of the World in the Life of Jesus

感　谢

斯科特·考夫曼

山姆·沙马斯

没有他们，就不会有这本书

目 录

序 言

───── 第一部　君王 ─────
耶稣的身份

第二部　十字架
耶稣的目的

序 言

近几十年来，一般文化领域对历史上的耶稣（historical Jesus）的关注与日俱增。这着实令我惊讶。每当复活节临近，各色媒体争相刊载和报道耶稣。在刚刚过去的复活节，《新闻周刊》宗教栏目编辑米勒（Lisa Miller）撰文解释说："复活节是……受难周最后一个庆祝活动，庆祝耶稣死后第三天身体复活……福音书宣告基督复活是超自然事件，是真实的……耶稣死了，又复活了，而且所有信从他的门徒，最终都要像耶稣一样从死里复活。这个故事挑战人的智性，即使最为虔诚的基督徒，也难以全然了解其中的奥秘，因为它实在匪夷所思。"[1]

《泰晤士报》有一篇韦尔姆（Geza Vermes）的文章，题目是"神话还是历史？复活的确凿事实"。文章提出这样一个问题："基督教信息的核心，是耶稣从死里复活。

使徒保罗是宣讲这信息的主力先锋，他坦言：'若基督没有从死里复活，你们所信的就是枉然。'保罗的宣告经由两千年的神学思考而日趋坚固，那么这宣告如何与福音书对耶稣复活的记载相匹配呢？复活究竟是神话，还是包含了一些历史性？"[2]

黑尔米希（Nanci Hellmich）在《今日美国》撰文报道："两个专家研究了有关耶稣最后晚餐的名画，分析对比了其中最为著名的五十二幅画作中的食物和杯盘的大小，他们发现在过去的一千年中，画中的食物分量有明显增加。"[3] 很显然，这些大众传媒对耶稣言犹未尽，要说的话还有很多。

其实，并非只是大众传媒对耶稣有兴趣。毫不夸张地说，有关耶稣的主题已然自成一项研究类别，探讨该主题的书籍很多，包括基于认真研究的人物传记、学术性的文本诠释、历史批判以及想象力丰富的小说、去神话类型的作品，还有两极中间任何类型的共他著作。

踏入研究耶稣的领域，我们需要小心谨慎，因为要处理的各种评说和思想资料似乎无穷无尽。本书深入思考传统基督信仰的前提，即耶稣的生、死和复活是人类乃至宇宙历史的中心事件，也是统摄我们生活的核心原则。换言之，仔细研究耶稣的故事，可以让我们更好地理解整个世界的故事，以及每个个体如何嵌入这个故事。写作本书的目的，是要通过耶稣的教导和行动，表明他有能力使我们的生命变得更美好，更有意义。

一个真实的生命故事

如果要探究耶稣基督的生平，弄清楚他是不是真的曾在世上生活、死亡、复活，并且试图搞明白复活的故事是否包含"一些历史性"，甚至包含解读人类历史的钥匙，那么我们就需要进入福音书，因为它们是传讲耶稣故事的历史文献。这些福音书以其作者名字，分别被称为《马太福音》《马可福音》《路加福音》《约翰福音》。

近代有关"探索历史上的耶稣"的争论，多是关乎福音书中所记载的耶稣生平是否可靠。两百年前，有些学者提出，这些福音书源于口传传统，在耶稣离世一百多年后才写作成书，中间历经多代，掺杂了许多传奇色彩。[4] 多年来，这些观点影响着人们对耶稣的认识，让许多人认为，我们对真正历史的耶稣知之甚少。德国哲学家尼采和英国作家艾略特（George Eliot）丧失了他们的基督信仰，主要原因在于他们阅读了怀疑论者施特劳斯（David Strauss）的《耶稣传》（*Life of Jesus Critically Examined*）。这类影响持续发酵，如今不少大学每年为本科生开设的"圣经文学"课程，也同样动摇了很多大学生的信仰。

但是，现今有一种逆向运动方兴未艾。一百五十年前，学术界相当自信，认为福音书的成书时间不会早于公元二世纪三十年代。然而，过去的一个世纪，已经有确凿的证据显明，福音书的成书时间其实更早，早到许多亲眼见过耶稣生平与死亡的人们还存活的那个年代。[5] 这些证据促使人们反思信仰，回归基督。赖斯（Anne Rice）和威尔逊（A. N. Wilson）就是很好的例子。他们回归基督信仰，引起英美大众媒体的广泛关注。威尔逊是传记作家，1992年他出版了《耶稣生平》（*Jesus：A Life*）。这本书的前提预设是，福音书几乎都是没有事实根据的传奇故事。然而，到了2009年，他的观点改变了，他开始公开声明自己不再是无神论者。以往的那些年日，他著书立说，不遗余力地攻击正统基督信仰，如今，他重新回到基督信仰。[6] 与威尔逊不同，小说家赖斯在大学时代失去了信仰。通过阅读著名的圣经学者的著作，她开始反思信仰，进而发现基督教自由派立案无凭：

"没有神性的耶稣，错误地进入耶路撒冷，不知怎么就被某些人钉死在十字架上。耶稣与基督教的兴起毫无关系。如果他知道自己竟然成了基督教的创始人，会被吓死的。"——这是流传在自由派基督教圈子里的对基督教的认识。在我作为无神论者的三十多年间，对这种论调太熟悉了。这种论调完全是无稽之谈，毫无事实根据。[7]

新约学者鲍克汉姆（Richard Bauckham）的《耶稣和

见证人》（*Jesus and the Eyewitnesses*）一书的观点最令人信服。他指出，福音书不是经过长期演化而来的口传传统，而是口传**历史**，是见证人亲身经历的记载。他们亲眼见过耶稣，当福音书写成时，他们还活在世上，而且仍旧活跃在当地基督徒社群之中。

鲍克汉姆在书中提供了大量证据，证明在耶稣受死和复活之后的几十年中，那些被耶稣医治的人，如从屋顶被缒下得医治的瘫子；替耶稣背十字架的古利奈人西门；看到耶稣被放入坟墓的妇女们，如抹大拉的马利亚；还有跟从耶稣三年之久的门徒，如彼得和约翰——所有这些亲身接触过耶稣的人都在持续、公开、详尽地重复着这些事迹。数十年之久，这些见证人一直在讲述发生在他们身上的故事。马太、马可、路加和约翰所记载的，正是这些见证人的见证。由于他们的见证，我们才有了福音书。

鲍克汉姆还观察到，福音书在内容上与传奇故事恰恰相反。比如，在基督教会最原始的文献中，竟然记载了教会最伟大领袖之一彼得一败涂地，他甚至公开否认耶稣，咒诅耶稣。这种资料记载只能来源于彼得自己，因为除他之外，没有人知道他否认和背叛耶稣的细节。而且，除了彼得自己之外，在早期教会中，也不会有人如此直率地暴露他们最为尊敬、最重要的领袖竟是如此软弱——除非那样的软弱是福音故事的重要部分。当然，更除非那些记载都是真实的，否则也不会有这样的记载。

《马可福音》

为要达到写作本书的目的，我觉得探索耶稣生平的最好方式，不是概览四福音书，而是考查一卷叙事连贯的福音书，尤其要选择一卷有意侧重记录耶稣真实话语和行动的福音书。这促使我选择了《马可福音》。

那么，谁是马可？最早且最重要的答案，出于希拉波立的主教帕皮亚（Papias，60–135）。根据他的说法，马可一直是彼得——耶稣最早的十二门徒之一——的秘书和翻译，他"准确地记载了彼得所记住的一切"。这一证词尤为重要，因为有证据表明，帕皮亚还认识耶稣另外一个最早的、最亲近的门徒约翰。[8] 鲍克汉姆在《耶稣和见证人》中也指出，《马可福音》比其他福音书更多地提到彼得。如果通读《马可福音》，你会看到，没有什么事情发生时彼得不在场。几乎可以肯定，《马可福音》是彼得亲眼见证的记录。

以《马可福音》为基础探索耶稣生平，还有另外一个原因。《马可福音》读起来不像一般枯燥的历史书。他以现在时态写作，描述行动场景时经常使用诸如"立刻"之类的用语。这样的写作风格，让读者由衷感受到整个叙事跌宕起伏、扣人心弦。《马可福音》传讲的耶稣，不只是一个历史人物，他在**今天**依然活着，仍旧在向我们说话。

它的第一句话就告诉我们，神已经介入人类历史。其写作风格传递出一种危机感，让人感受到现状已被打破，我们不能再把历史当作是一种自然因果形成的封闭系统。耶稣已经来临，如今一切皆有可能发生。马可要我们看到，耶稣的来临，在呼唤人们采取果敢的行动。耶稣是一个行动者，从一个事件到另一个事件，他迅速、果敢地行动。与其他福音书相比，《马可福音》中耶稣的**教导**比较少，我们看到更多的是耶稣在**行动**。因此，我们不能再保持中立，一定要主动予以回应。

君王和十字架

你或许知道在英国伦敦有一个火车站，名叫"君王的十字架"（King's Cross），它因着《哈利·波特》系列小说而赫赫有名。"君王的十字架"完美地表达了耶稣在世生活的意义，我不禁要以此作为本书的书名。

《马可福音》还有一个特点使得它非常适合达成我的写作目的。马可使用对称性的两幕，向我们描述耶稣的一生：耶稣统管万有的王者**身份**（1-8章）和耶稣死在十字架上的**目的**（9-16章）。这两大部分的划分，决定了本书的结构安排：本书分成"君王"和"十字架"两大部分，每个部分由多章构成，每章探讨《马可福音》讲述的一个关键性事件。

我们知道，所有书籍在写作取材上都有选择性，福音书也不例外。比如，约翰就以这样的话语结束他的福音书，"耶稣所行的，还有许多其他的事；如果都一一写下来，所要写成的书，我想就是这个世界也容不下了。"（约21：25）* 本书的写作当然也不例外，在内容取舍上也有选择性。我挑选了《马可福音》中一些特定的经文，因为我认为它们对于追溯耶稣生平叙事，或者展开耶稣的身份或目的这一主题是最好的。这也意味着对一些大家极为熟悉的经文，本书并不做详细探讨。

我相信，读完这本书，你会发现耶稣基督值得你重视。他的丰富不可测度，却信实可靠；他温和柔顺，却大有权能；他有至上权柄，却为人谦卑；他有完全的人性，又有完全的神性。希望你能严肃认真地思考耶稣基督在你生命中的意义。

我们真实的生命故事

我是在基督教会中长大的，但是，真正找到有活力的、能改变生命的基督信仰，是在我上大学的时候。圣经，尤其是新约中的福音书，唤醒了我沉睡的灵性。在这之前，我读过圣经。在教会中参加坚振礼班时，还不得不

---

* 本书引用圣经经文采用新译本。——编者注

背诵一些圣经经文。但是，在大学期间，圣经对我来说不再是死的，它活过来了。那种感受我难以言表。我只能这样说，在那之前，我翻阅圣经，分析圣经，不断提出疑问。在那之后，圣经——或是"有人"透过圣经——开始察看我，质疑我，剖析我。

在灵性苏醒后不久，我在一本杂志上读到一篇文章，题目是"那本理解我的书"。作者是普林斯顿神学院哲学教授卡耶（Emile Cailliet）。[9] 在法国上大学期间，他是一个不可知论者。大学毕业之前，他实际上没有真正见过一本圣经。第二次世界大战时，他在军队服役。期间他写道："对人类生存处境的不恰当认识，令我震惊窘迫。当站在你面前的伙伴——他正在对你讲说他的母亲——突然被一颗子弹射穿胸膛，倒下并死去……此刻哲学研讨班上嘲讽调侃的言谈，又有何用？"

他自己也被一颗子弹击中，躺在医院里长期疗养。他开始大量阅读文学和哲学书籍，奇怪地想要得到一本书。他说："无论听起来多么古怪，我必须说，我要得到一本书，一本能理解我的书。"由于他知道世上根本就没有这样一本书，所以他决定为自己亲手打造一本。他阅读广泛，每每遇到触动心灵、"讲到我的生存状况"的只言片语，他就在一本皮面袖珍笔记本上仔细地抄录下来。随着时间的推移，他收集到的只言片语越来越多。他热切期待哪天可以坐下来，把它从头到尾读一遍，希望"它能带领我穿越不同人生阶段，从恐惧走向全然的释放，从伤痛走向完全的喜乐"。

于是有一天，他来到花园，坐在一棵树下，开始阅读他的宝贵文集，但越读越觉得失望。每段引言，都提醒他在作选择时当下的情景，可是都已事过境迁。"于是我知道，这样做根本行不通，因为这本书只是我自己收集的。"

几乎就在同时，他的妻子推着婴儿车从外面散步回来了。她手中拿着一本法文圣经，是在散步时遇见的一位牧师送给她的。卡耶接过圣经，打开福音书开始阅读，一直读到深夜。突然间他恍然大悟："你瞧，当我阅读它们（福音书）时，书中说话和行动的**那一位**，栩栩如生地出现在我面前。……原来这就是那本能够理解我的书。"[10]

阅读这篇文章让我意识到，同样的事也临到我的身上。在少年时代，我相信圣经是神的话语，但是我个人并没有遇见那位说话的主。当我在大学期间阅读福音书时，基督活在我面前。三十年后，在纽约，在我们教会的讲台上，我传讲《马可福音》，希望有更多的人同样可以在福音书中找到耶稣基督。

写作这本书的灵感源于那些讲章。唯愿那触动我生命的，同样也触动你的生命！

第一部

君王

耶稣的身份

第 1 章

舞蹈

　　神的儿子耶稣基督福音的开始。正如以赛亚先知的书上写着："看哪，我差遣我的使者在你面前，预备你的道路；在旷野有呼喊者的声音：'预备主的道，修直他的路!'"照这话，施洗的约翰在旷野出现了，传讲悔改的洗礼，使罪得赦。（可 1：1－4）

　　马可不费笔墨，一开头就明确指出耶稣基督的身份。他直接、确定无疑地称耶稣为"基督""神的儿子"。"基督"（*Christos*）是希腊文，意思是"受膏者"。在希伯来文中，"基督"被称为"弥赛亚"，指那位临到世界的"受膏者"，他要施行神的统治，拯救以色列人脱离压制和苦难。基督不只是指一般意义上的君王，更是指那位要临到世界的大君王。

但是，马可不仅仅称耶稣为"基督"，而是更进一步，称"基督"为"神的儿子"。这称呼极为大胆，令人震惊，超越了当时的人们对"弥赛亚"的一般理解。如此称呼，事实上是宣称耶稣是弥赛亚，具有完全的神性。随后，马可在整卷福音书中从未躲闪含糊，而是始终如此宣称。他引用先知以赛亚的预言，明确指出施洗约翰的到来应验了旷野"呼声"，他就是"预备主的道"的那位。如此应用先知预言，实际上是把耶稣等同于"主"，即全能者神本身。可见，主神、神圣君王（即众人一直翘首以待的拯救者）、耶稣这三个称呼是指同一位。

马可如此大胆的宣称深深扎根于以色列古老的历史和信仰传承中。他向人们宣讲，基督教不是一种全新的信仰。耶稣的来临，应验了旧约先知的预言、渴望和异象；耶稣基督就是那位神圣君王，他临到世界，施行统治，更新万有。

现实之舞

如此介绍耶稣之后，马可在接下来的经文中让我们一瞥现实世界的故事：

那时候耶稣从加利利的拿撒勒来，在约旦河里受了约翰的洗。他从水里一上来，就看见天裂开了，圣灵仿佛鸽子降在他身上。又有声音从天上来说："你是我的爱子，我喜悦你。"圣灵随即催促耶稣到旷野去。他在那里四十天，受撒但的试探，和野兽在一起，有天使来服事他。（可1：9 - 13）

对今天的读者来说，以鸽子比喻神的灵，并不令人吃惊和难以想象。但是，在马可时代，如此描述则相当罕见。在犹太教圣典中，把神的灵比喻为鸽子，只出现过一次，是在他尔根译本（Targums，即马可时代犹太人所阅读的旧约圣经亚兰文译本）中。创造天地的记述在《创世记》1：2提到，神的灵"运行"在水面上。这里希伯来文动词的意思是"鼓翼"：神的灵在水面上振翅运行。为了抓住这极为生动的喻象，犹太拉比在旧约亚兰文译本中如此翻译这节经文："大地空虚混沌，渊面黑暗，神的灵**如同鸽子**在水面上鼓翼运行。神说：'要有光。'"在创造世界的过程中，神、神的灵，以及神借之创造世界的话语，一起运行，共同创造。在耶稣受洗时，这三个位格也同样临在：圣父从天上说话，圣子是道，圣灵如同鸽子降临。马可有意把我们带回到圣经创造叙事的开头，带回到历史的起点。创造世界是三位一体神的作为；基督降临，救赎世界，更新万有，同样是三位一体神的作为。

马可描述基督受洗的意图正在于此。但是，这种意图与我们何干？认识到创造和救赎同是三位一体神的作为，这对我们重要吗？

三位一体的教义很难理解，它挑战我们的认知力。三位一体教义宣讲神是独一的，却又永恒地以三个位格存在。三一神论不是三神论，不是讲论三个神在一起和谐做工。三一神论也不是单一位格论，即独一神此时以一种形式出现，彼时以另一种形式出现，位格只有一个，显身不同而已。三一神论认为神是独一的，却有三个位格，彼此相知相爱。神在本体上既非一重于三，也非三重于一。

当耶稣从水中上来时，父神环绕他，以爱的话语遮盖他："你是我的爱子，我喜悦你。"同时，圣灵以能力覆蔽耶稣。马可在此让我们一窥终极实在的至深内核、生命的意义以及宇宙的本质。这是三位一体神内在生命中从永恒到永恒始终发生的律动。圣经启示我们，圣父、圣子和圣灵彼此荣耀对方。《约翰福音》记载的耶稣祷文说："我在地上已经荣耀了你，你交给我要作的工，我已经完成了。父啊，现在让我在你自己面前得着荣耀，就是在创世以前我与你同享的荣耀。"（约17：4-5）三位一体神的每一个位格都荣耀其他两个位格。这是一种舞蹈。

C. S. 路易斯（C. S. Lewis）是我喜爱的作家。他说："基督教的神不是一个静态的存有……而是一种动态的、活力满溢的律动，是一种生命，近乎一种戏剧。如果你不认为我不着边际，我甚至可以说，神犹如一种舞蹈。"[1] 神学家哥尼流·普兰丁格（Cornelius Plantinga）更进一步发展了这一思想脉络。他说，圣经指出，圣父、圣子和圣灵彼此荣耀对方，这意味着"神性本体中的三个位格彼此高举，彼此相契，彼此顺服……每个位格都把对方怀揣在自己存有的核心处。在持续不断的给予和接纳的律动中，每个位格都拥抱对方，围绕对方……因此，神的内在生命满溢着对他者的拥抱和关注"。[2]

如果你发现某物拥有美之本质，你就想去荣耀它。它的美紧紧抓住你的想象力，促使你去崇敬它。对我而言，莫扎特的音乐便是如此。在大学音乐鉴赏课上，我因赏析莫扎特而得了满分。我必须成绩优异才能找到好工作，换言之，我赏析莫扎特是为了赚钱。但今天我很乐意花钱去听莫扎特音乐会，不再因为要借此赚得什么，而是因为其内在之美。它不再是达到目的的一种手段。

如果你发现某人如此之美，你会很想无条件地服事他。当你说，"只有对我有好处，我才会提供服务"，这不是在服务他人，而是借助他人服务自己；也不是围绕他人，以他人为轴心，而是利用他人，让他们围绕着你。

当然，我们中间有些人**看起来**不自私、富有责任感，仅仅是因为我们不能拒绝别人：当我们对每样事都说"是"时，人们就总想利用我们。每个人都会说，"哦，你大公无私，舍己奉献，你需要多为自己着想一点，照顾好自己。"但是，想想我们中间还有一些人，不分你我，不设界限，从不拒绝让别人占自己的便宜，从不拒绝让别人利用自己——你认为我们这样做是出于对他人的爱吗？当然不是。我们如此行，是出于**需要**，出于胆怯。我们出于恐惧和胆怯，对每件事都难以拒绝。这绝对不是荣耀他人。荣耀他人，意味着无条件地服务他人，不是从服务他人中捞得什么好处，而是纯粹为了他人的真实本相而爱他们，欣赏他们。

圣父、圣子和圣灵，每一位都以其他两位为中心，崇敬他们，服事他们。由于圣父、圣子和圣灵彼此荣耀，彼此爱戴，神深感幸福，无限幸福。试想，如果你遇到一个人，让你仰慕有加，你甘愿为他做任何事情；同时，你还发现，对方也仰慕你，甘愿为你做任何事，这让你感受如何？绝对喜乐，绝对满足，绝对幸福。那正是神从永恒到永恒所拥有的喜乐和幸福。圣父、圣子和圣灵，相互把爱、喜乐和崇敬倾倒在对方身上，彼此服事。三个位格之间都无限地寻求对方的荣耀。因此，神是幸福的，他无限幸福。那是真正的舞蹈。

"如此认识神很重要吗？"路易斯写道，"这比世界上任何事都重要。神性中三个位格之间的舞蹈、戏剧或生命之模式，应当在每一个体生命中演绎出来……（喜乐、权能、平安、永生）像是充满活力与美妙的泉源，要从现实核心中喷涌而出。"[3] 路易斯为何看重舞蹈这一意象呢？一个自我中心的生命，是一种封闭的、静态的生命，没有敞开的活力；一个自我中心的生命，是把自己当作轴心，让每件事都围着自己转。只要满足我的需要，不损害我的利益，或许我也能帮助他人，也能结交朋友，也能坠入爱河；甚至我也会慷慨解囊，帮助穷人——只要那样做让我感觉良好，且对我的生活不要有太大影响。自我中心视其他一切都成为达到目的的手段。我所要的和我所喜欢的，就是我的目的，不可讨价还价，我的利益总是高于他人的利益。我可以与别人结交玩乐，叙旧闲聊，但归根结底，每件事都得围着我转。

如果每个人都说，"不行，你得围着我转！"那会怎样？想一想，五个人，十个人，一百个人，同时出现在舞台上，每个人都要成为中心。如此情形，舞蹈不再。人们只能站在那里，对他人说，"你们围着我转。"结果，大家都只能一动不动。此时跳舞即使有一丝可能，也将是一场冒险。

三位一体神完全不同。圣父、圣子和圣灵，不是囿于自我，而是**彼此**舍己的爱，这是神的内在本质。每个位格都不会要求另两位围着自己转；每个位格都甘心环绕和运行在另两位的身边。

进入舞蹈

如果这是一切存有的终极状态，如果这是创造宇宙万有的神的形象，那么这真理对我们而言就有荣耀的内涵，足以重塑我们的生命。**如果是三位一体神创造了世界，那么爱的关系就是生命最终极的本真实在。**

至此可以看出，对神的不同认识，会产生对生活不同的理解。如果没有神——如果我们出现在地球上纯属偶然，完全是自然选择的结果——那么你我所说的爱，就只是大脑的化学反应而已。进化生物学家认为，我们里面没有哪样东西不是为了帮助我们祖先更为成功地承传基因密码。如果你感受到爱，那仅仅是因为诸多化学因素的整合作用使你能够生存，让你身体各个部位各就其位，为了能承传基因密码而已。那就是爱，爱纯粹是化学反应。如果有神，神是存在的，但神只有一个位格，那么神至少在一段时间内不是爱。神在创造世界之前，只有一个位格，那时不存在爱的概念，因为爱只能存在于关系当中。如果具有一个位格的神创造了世界以及世界上的万有，那么这样的神在本质上不是爱。神的本质或许是权能与伟大，但绝对不是爱。然而，如果从永恒到永恒，无终无始，终极实在是位格间彼此相知、彼此相爱的共同体，那么终极实在就是爱的关系，爱的团契。

三位一体神为何创造世界？如果神只有一个位格，你或许会说，"神创造世界，由此他才能从受造物中得到对他的崇敬之爱，只有那种爱才会带给他喜乐。"但是，三位一体的神在创造世界之前已经拥有了爱和喜乐——他从自己里面所领受的爱，远比人类对他的爱更为纯洁、更为有力。既然如此，神为何创造我们？答案只有一个。神创造我们，不是为了**获得**喜乐，而是**给予**喜乐。他创造我们，是邀请我们进入那神圣的舞蹈，是对我们说：如果你荣耀我，如果你让我成为你生命的中心，如果你发现我的本体美丽，那么你会进入那神圣舞蹈，而你正是为此被造。你被造不只是为了相信我，成为一般意义上的属灵人，不只是为了在事情变得一团糟时向我祷告，获得一点启发。你被造是让你生命中每一件事都以我为中心，是基于你与我的关系来思量每一件事，是无条件地事奉我。这正是你喜乐的源头，也是那神圣舞蹈的本真。

你如今是置身于这神圣舞蹈之中，还是仅仅相信神存在于你之外的某个地方？你是在这神圣舞蹈之中，抑或只是在困难无助时向神哀哭祈祷而已？你是在这神圣舞蹈之中，还是环顾左右寻找某个能围着你转的人？如果生命是一种神圣舞蹈，那么你最迫切的需要，是置身于这舞蹈之中。这才是你被造的目的。**你被造就是要进入三一神的神圣舞蹈之中。**

战地舞蹈

耶稣受洗之后，立刻进入旷野受撒但的试探。马可写道：

圣灵随即催促耶稣到旷野去。他在那里四十天，受撒但的试探，和野兽在一起，有天使来服事他。（可 1：12-13）

马可在此告诉我们，尽管终极实在好似舞蹈，我们却要在争战中经历这实在。

马可将希伯来圣经与耶稣生平作了平行记述，借此将其记载融入读者的共同历史中。在《创世记》中，圣灵在水面上运行，神说有就有，人类被造，历史就此展开。然后发生了什么事呢？撒但在伊甸园试探人类始祖亚当和夏娃。

而在《马可福音》中，也同样有圣灵、水、神说话、新人类和被改变的历史，以及随即撒但在旷野试探耶稣。两种记述模式类似。马可的遣词更有针对性，他说耶稣"和野兽在一起"。马可写作这卷福音书时，基督徒正为了信仰遭受逼迫，很多人被抛入斗兽场去喂野兽。毫不奇怪，许多幸存下来的基督徒，在面对是否要为基督殉道时会犹豫不决。他们对神的忠心受到试探。但他们在此看见耶稣正如亚当一样，享受着与神美好甜蜜的关系，然而他也要面对并抵御临到他的威胁。

请注意，耶稣进入旷野不是一不小心误入歧途，而是进入**战场**。诱惑并非空穴来风，没有操纵者——一个实实在在的敌人正在施加诱惑。马可视撒但为实存，不是神话。这显然与当代文化格格不入，因当代人怀疑超自然的存在，更不用说真实的魔鬼了。对我们而言，撒但只是一种拟人化的邪恶力量，为前科学之迷信社会的残留。它如今只是一种象征，人们借以开脱自己应为邪恶所负之责。但是，如果你相信神，相信良善的超自然位格，那么很自然，你也应该相信邪恶的超自然位格。圣经说世界上存在真实的邪恶力量，而且这些力量极其复杂和狡猾。撒但是这些力量的元首，它试图诱惑我们离开神，不再与神共舞。正是在伊甸园的亚当身上，又在旷野的耶稣身上，我们看到了魔鬼的伎俩。

在伊甸园里，神对亚当说，"要顺服我，不可吃分别善恶树上的果子。"为什么要有这样的考验？我在上文说过，神创造我们是让我们围绕他旋转，是以神为中心建造我们的生命，是让我们进入那神圣舞蹈。当神说，"不可吃"，我们的第一反应是什么？"为什么不可吃？"神没有对此作出解释。我要问你：为什么你会认为那是一个问题？如果你顺服神是因为你知道那对你是祝福，你就不会轻举妄动。你会说："好，这很合理。我知道为什么应当顺服，也知道为什么不该吃那棵树上的果子。我不会去吃，肯定不会。"如果顺服神是出于这样的动机，那么神就成了人达成自己目的的手段，而非目的本身。

事实上，神是在说，"仅仅是因为你爱我，所以不要吃那棵树上的果子——仅仅是因为我那样命令，仅仅是为了我。"亚当和夏娃在考验中失败了。从此，整个人类在同样的考验中一败再败。撒但激发鼓励人失败。撒但伴随人左右。他说，"这种舍己的爱，让你脆弱不堪，伤痛不已，让你围绕他人旋转——这种理念绝对行不通。"

事实上，同样的事情也发生在旷野中耶稣的身上。马可没有告诉我们耶稣面对的诱惑是什么，马太却有记载（太4：1-11）。马太基本是在说，撒但诱惑耶稣不再围绕圣父和圣灵旋转，也不再围绕我们旋转。而是转向确保他人都围绕自己旋转，保护自己。当然，这诱惑并没有终止于旷野：在耶稣余下的日子里，他一直受到撒但的攻击。这攻击在另一个园子——客西马尼园——里达到高潮，而这园子也是伊甸园的终极对应。

看着亚当和夏娃，我们会轻易说："你这个笨蛋——为什么要听撒但的话？"但是，我们都清楚，撒但的谎言仍旧在我们心中，因为我们害怕相信神——实际上是害怕相信任何人。我们静止不动，因为撒但告诉我们应当如此——那就是他与我们争战的伎俩。

然而神没有丢弃我们，任凭仇敌攻击。神对耶稣说，"在这棵树上顺服我——这树就是十字架——且顺服至死。"耶稣做到了。他在你之前进入真正战争的核心，把你领进终极实在之舞。他在永恒中所享受的，也要赠送给你。当你正处在激烈争战中，当你被诱惑、受伤、软弱时，你也会在灵魂最深处听到耶稣所听到的天外之音："这是我的爱子——**你**是我的爱子，我爱你，我喜悦你。"

第2章
呼召

约翰被捕以后，耶稣来到加利利，宣讲神的福音，说："时候到了，神的国近了，你们应当悔改，相信福音。"（可1：14－15）

《马可福音》中，我们在此首次听到基督的声音，他说，"你们应当悔改，相信福音。""悔改"在此是指掉转航向，或转离某件事。在圣经中，它的意思相当具体，指远离耶稣所憎恶的事，转向耶稣所喜爱的事。希腊文 *euangelion* 可翻译为"好消息"或"福音"。它是一个复合词，*angelos* 意为"宣告消息的人"，前缀 *eu-* 意为"喜乐的"。**福音**是指"带来喜乐的消息"。这个词不是一个宗教词汇。马可使用这个词时，它已经在社会上流行。它的意思是指开创历史、塑造生命的大好消息，而不仅仅是每日新闻。

譬如，有一块古罗马碑刻，它的存在时间差不多可追溯到耶稣和马可的时代。碑文开头说，"凯撒奥古斯都福音的开始。"它记述的是罗马皇帝出生和加冕的故事。可见，福音是有关某些重大事件的消息，这些事件的发生为许多事物带来意义深远的改变。福音可以指皇帝登基，也可以指一场战争胜利。当波斯入侵希腊，希腊人在马拉松和苏那斯（Solnus）两场重大战役中获胜时，他们派遣众先锋（或传福音者）向希腊众城宣告这大好消息："我们为你们而战，我们得胜了。如今你们不再为奴，你们自由了。"可见，福音是宣告具有历史意义的重大事件，宣告那些已经为你做成、改变你命运的事件。

由此，你或许看到基督教与其他宗教——包括无神论——之间的区别了。其他宗教的本质是劝告（advice），基督教的本质是消息（news）。其他宗教说，"要与神永远相通，这是你必须要做的；要打通迈向神之路，这是你必须有的生活。"但是，基督教说，"这在历史中已经为你做成了。耶稣的生和死已经为你打开了通往神那里的道路。"基督教完全不同于其他宗教。基督教是一个大喜的消息。

当有人规劝你如何更好地生活时，你的感受如何？有人说，"你应当要有这种爱心"，或"你应当具备正直诚实的品格"；或者向你讲述某个伟大英雄的故事，向你展示卓越的道德标准。当你听到这些时，你的感受如何？你可能被感动。但是，你能感受到得胜的消息被宣告时那些听众们的感受吗？你能感受到你的重担已经脱落了吗？你能感受到仿佛有重大的事已经为你做成，你不再为奴了吗？当然，只是听听规劝不可能有如此感受。相反，它让你心情沉重：这是我必须有的生活。因为它不是福音。基督福音是宣讲神主动与你建立关系，与你相通连接，不是基于你已经做了什么，或者你没有做什么，而是基于耶稣基督已经为你所做成的一切。这使得基督教完全不同于其他宗教或哲学。

耶稣说，"神的国近了。你们应当悔改，相信福音。"什么是神国的福音？《创世记》1－2章记载，人在完美的世界中被造，所有的关系，包括心理和社会关系，都是完美的，因为神是完美的，他是王。《创世记》3章则讲述了这个故事接下来的部分：我们每个人都选择成为自己的王，走上了自我中心的道路。自我中心破坏了各种关系。没有什么东西比自我中心让自己更悲苦、更无聊了。我感受如何？我做得如何？别人如何看待我？我如何证明自己？我是在迈向成功吗？还是在走向失败呢？别人对我公正吗？自我中心的实质是自我囚禁，只能使我们失去活力，裹足不前，不能让我们进入生命的舞蹈之中。世上还有什么比自我中心、自我囚禁更能产生破裂和分化？为什么有战争？为什么有阶级的冲突，家庭的瓦解？为什么各种人际关系时常破裂？这一切都是出于人以自我为中心的黑暗。当我们决定成为自己的中心，我们就成了自己的王，结果一切都破碎、断裂了。无论是在身体、社会、灵性意义上，还是在心理意义上，人都变得支离破碎。我们已经离开了那神圣舞蹈。尽管如此，我们仍旧渴望被带回到那神圣舞蹈之中。这种渴望几乎出现在所有文化传统中。尽管每个文化传统讲说的故事不同，但它们都有着类似的主题：一个真正的大君王要回来，手刃恶龙，亲吻我们，把我们从死亡的昏睡中唤醒，拯救我们脱离囚禁和压制，把我们带回到神圣舞蹈之中。那真正的王者将要来临，匡正一切，更新整个世界。那真正的君王就是耶稣基督。这是福音，是神国的好消息。

这让我想起托尔金《魔戒》中的一句话："君王的手是有医治能力的手，由此人们可以辨认谁是真正的王者。"[1]一个孩子在智慧而又善良的父母带领下会健康成长；一支球队在技术精湛、才智过人的教练训导下会日益兴盛。同样，当你来到那具有医治权能的双手之下，来到耶稣的王权之下，你生命中的一切都要开始得到医治。当他再来时，一切忧伤将要成为过去；他的再来将要结束一切恐惧、苦难和死亡。

在这里，基督教再次显出其不同于其他宗教之处。有些宗教声称，这个物质世界将要结束，那些义者或那些得道开悟的人，将要被救出这个即将灭亡的世界，进入某种虚无缥缈的极乐世界。另有一些宗教声称，物质世界是一种幻相；也有人相信，大地终究会因为太阳的死寂而销毁，地上的一切最终将灰飞烟灭，仿佛从未存在过。但是，神国的好消息是，神所创造的物质世界将要被更新，并且要存到永远。当那日来临时，你将如同《纳尼亚传奇》结尾处独角兽杰维尔那样说："我终于回家了！这才是我真正的家园……我终生孜孜寻求的故土。"[2]

追随君王

当耶稣开始公开宣讲神的国时，他立即拣选了十二个人成为他的门徒——作为他的跟从者和朋友的核心群体。马可记载了最先跟随耶稣的门徒：

> 耶稣沿着加利利海边行走，看见西门和他弟弟安得烈在海上撒网；他们是渔夫。耶稣就对他们说："来跟从我，我要使你们成为得人的渔夫。"他们立刻撒下网，跟从了他。耶稣稍往前走，看见西庇太的儿子雅各，和雅各的弟弟约翰，正在船上整理渔网，他立即呼召他们。他们撒下父亲西庇太和雇工在船上，就跟从他去了。（可1：16-20）

耶稣立即呼召人跟从他。在犹太传统中，这是极为独特的，因为通常是学生选拉比，而不是拉比选学生。那些愿意求学者找到一位拉比，对他说，"我想拜你为师。"但是，马可在此让我们看到，耶稣具有非同一般的权威，不同于一般的拉比。如果他不呼召你，你不可能与他有任何关系。

　　耶稣呼召西门彼得和安得烈，对他们说，"来，跟从我。"他们立刻放下打鱼的职业，跟从了耶稣。耶稣呼召雅各和约翰，他们就把父亲和工人留在船上，跟从了耶稣。我们在四福音书中看到，这些人后来又去打鱼了，并且继续保持着与父母的关系。但是，耶稣在此所说的依旧令人不安。在一般传统文化中，人们从家庭获得自我身份，因此，当耶稣说"我比你的家庭更重要"时，那的确令人震惊。相比之下，在崇尚个人主义的当代文化中，告别父母并不是什么大事。但是，当耶稣对你说，"我比你的事业更重要"时，那就让人惊讶无语了。耶稣是在说，"认识我、爱我、效法我、服事我，这些应当成为你生命中的至高热情。此外，一切都是次要的。"

　　在不少人看来，这样的教导似乎太过狂热、不够理性。在现代文化中，人们对宗教狂热心存恐惧——应当说，这种恐惧有其正当理由。不少暴力事件，正是那些外表敬虔狂热的宗教人士干出来的。即使不去考虑这些宗教极端主义者，我们中间几乎每个人都认识身边某个人，或听说某个人，他宗教信仰虔诚，却又自以为义，喜欢给别人定罪，甚至责难他人。当今不少人把宗教当作一套信念系统。系统的一端，是一些人自以为有宗教信仰，但并非真的相信或活出他们的信仰原则；系统的另一端，则是宗教狂热分子，**过度**虔诚，极端自信，超越了他们的信仰界线。如何矫正这种宗教狂热？许多人会说，"甘居中流岂不就能避免极端？谨守中庸，处理万事；不狂热，不委身。恰好适中，是为正道。"

那么，这是基督信仰的生活方式吗？耶稣有没有说过"谨守中庸，处理万事"呢？让我们看看另一处经文，耶稣讲论那些跟随他的人。在《路加福音》中，耶稣对一大群人说："如果有人到我这里来，爱我不超过爱（"爱我不超过爱"原文作"不恨"）自己的父母、妻子、儿女、兄弟、姊妹，甚至自己的性命，就不能作我的门徒。"（路14：26）这听起来温和中庸吗？耶稣说"如果**有人**到我这里来"，是指任何人。他没有对众人说，"听着，你们中间大多数人可以谨守中庸之道，但是我所需要的是一小群人，不折不扣、确确实实地践行门徒之道。"事实上，他呼召每个人，而不是某些人，如此跟从他。这里没有双重标准。"如果**有人**，任何人，要跟从我，你必须恨你的父母、妻子、儿女、兄弟、姊妹，甚至恨你自己的生命，否则你不能成为我的门徒。"这的确会刺激我们，让我们反思跟从耶稣究竟意味着什么。

基督为什么讲说"恨"? 四福音书中有好几处地方,耶稣不是教导人不要恨你的仇敌吗? 他在这里要求跟从他的人恨自己的父母,究竟是什么意思呢? 耶稣在此当然不是呼召人憎恨人,而是呼召人憎恶那些夺走我们跟从基督心志的东西。他是说,"我要你完全地、热切地、终生地跟从我,以至于你生活中一切执着、一切牵挂,与跟从我相比,都令你憎恶。"如果你说,"耶稣啊,**如果**我的事业兴旺,**如果**我的身体健康,**如果**我的家庭美满,我将顺服你",那么,**如果**后面的那些事才是你真正的主,你真正的目标。但是,耶稣绝对不是达到那些目的的手段。他不会供人驱使,被人利用。如果他呼召你跟从他,**他**必须成为你追随的目标。

这听起来是不是有点宗教狂热的味道? 如果你明白宗教和福音之间的区别,你就不会这么认为了。要记住什么是宗教: 宗教建议你如何生活以获得通向神的道路。你的任务是凭借己力,听从那种劝告。如果你这样做了,但不能持守到底,那么你只能位居中流,不冷不热。如果你认为自己是诚心诚意且彻头彻尾地照做,那么,你觉得与神有连接,是因为你有正确的生活方式与信念。这样,你将有一种优越感,觉得自己高于那些抱有错误想法和观念的人。其实,这是一种陷阱。如果你觉得优于他人,就会与他人保持距离;也会容易憎恶、排斥他人,最终压制他人。有些基督徒就是这个样子——不是因为他们已经走得太远，过于委身基督，而是他们尚且没有切实地跟从耶稣。他们既没有耶稣那样完全的谦卑和敏锐，也没有耶稣那般全然的宽恕和慷慨。为什么没有？因为**他们仍将基督教当作是劝告，而不是好消息。**

福音不是一种劝告，而是好消息。因为你不必拼尽全力去获得通向神的道路。耶稣基督已经为你做成了。福音是一件礼物，你只需要接受；它全然出乎恩典——完全出于神，非凭己力所能获取。如果你抓住那礼物，且持续保有它，那么耶稣的呼召不会让你狂热**或是**让你不冷不热。你会热切地将耶稣视为你人生终极的目标和首选，耶稣成为你整个生命的中心。而且，当你遇到某个人，他生命的优先次序不同于你，他的信仰不同于你，你也不会觉得你比他优越。你会真诚地寻求帮助他、服事他，而不是压制他。为什么？因为福音不是教导你选择一种劝告；福音是关乎随从那位大君王的呼召。福音不是某个有权势的人告诉你需要做什么；福音是关乎那位有权能的基督，**做成了**你所需要的一切，并且把他所成就的作为好消息转达给你。

何处能看见这样的权能？耶稣受洗时所展示的那些超自然现象，显示了他的神性权柄。随后我们看到西门彼得、安得烈、雅各和约翰，他们都毫不迟疑地跟从了耶稣——他的呼召本身带有权柄。马可就这一主题继续深入：

他们到了迦百农，耶稣随即在安息日进入会堂教导人。大家对他的教训都很惊奇，因为他教导他们，像一个有权柄的人，不像经学家。（可 1：21－22）

马可在此首次使用**权柄**一词，其原义是指"出乎本源的东西"，与**作者**这个词源于同一字根。马可是要告诉我们，耶稣传讲生命之道的权柄不是衍生的，而是出乎生命的本源。他不只是澄清某些众人皆知的道理，或者只是像经学家那样诠释旧约圣经。听他讲道的人在某种意义上已经感觉到，耶稣是在**作为生命的本源**揭示他们生命的故事，这让他们惊讶莫名。然后，马可把权柄这一主题推向更高层次：

他们一出会堂，就和雅各、约翰到西门和安得烈的家里去。西门的岳母正在发烧躺着，他们立刻告诉耶稣。耶稣走到她面前，拉着她的手，扶她起来，热就退了，她就服事他们。（可 1：29－31）

耶稣医治人的疾病，表明他虽超越物质世界，却关心这出于尘土的生命——他不只是关心属灵世界。耶稣教导人，也医治人。这不只是一种权柄的**宣告**（在基督呼召门徒，以及极富权柄的教导中，我们可以看到他权柄的宣告），也是耶稣以清晰可见的方式证明和践行他的权柄。

他显明自己拥有胜过疾病的权能。只要他的手触摸一下，热病就痊愈了。诸如此类的医治一次又一次发生。在三节经文之后，马可记载，耶稣治愈了一大群人。数日之后，他触摸一个麻风病人，治好了他。到了 2 章 12 节，所有的人都惊讶地说，"我们从来没有见过这样的事！"聋子能听见，瞎子能看见，瘫子能行走。在福音书里，有关基督医治人疾病的记载超过三十处。这一切向我们显明，耶稣拥有医治人的权能。在《马可福音》开头的几章里，马可不断叠起层层证据，旨在表明耶稣的权柄触及生活所有的领域。

来，跟从我。耶稣是在说，"跟从我，因为我就是你寻找的那位王者；跟从我，因为我拥有超越万有的权柄，但为了你的缘故，我甘心卑微；跟从我，因为在你还没有正确的信念和正直的行为时，我为你死在十字架上；跟从我，因为我带给你的不是劝告，而是好消息；跟从我，因为我是你的真爱，是你真实的生命。"

随从那根线

大约一百五十年前，麦克唐纳（George MacDonald）为孩子们写了一本书，叫《公主和小精灵》。主人公艾琳是个八岁的小女孩，住在一栋大房子里。她发现房子里有一个小阁楼，在那里有一位精灵婆婆。艾琳不是每次去都能看到精灵婆婆，她有时会现身，与艾琳说话。艾琳喜爱精灵婆婆，因为精灵婆婆成了她智慧的守护者。有一天，精灵婆婆现身了，给了她一个戒指，并告诉她戒指上系了一根线，线的另一头是个线球。精灵婆婆解释说，她会把线球带在身边。

"可是，我看不到那根线，"艾琳说。

"没错，因为那线太细了，你看不见。你只能感受到它。"听了精灵婆婆的话，艾琳摸到了那根线。

"注意，听好了，"精灵婆婆说，"如果你遇到任何危险……就要脱下你的戒指，把它放在枕头下。然后你必须握着那根线，无论它领你去哪里，你都要跟着它。"

"哇，太好了！我知道了，精灵婆婆，它会领着我找到你。"

"是的，"精灵婆婆说，"但是，要记住，它或许让你觉得一路上都在兜圈子，但你不能怀疑这根线。有一件事你要深信不疑，你握着这根线的时候，我也同时握着它。"

几天后的一个夜晚，艾琳躺在床上，许多小妖精进了她的屋子。她听到他们在走道里咆哮，她沉着冷静地脱下戒指，放在枕头底下。她开始感觉到那根线。她知道，那根线会领她到精灵婆婆面前，帮她脱离险境。但是，令她惊慌的是那根线不是带领她走屋子后面的楼梯直上屋顶，而是带她来到屋外。跟着那根线，她渐渐意识到，自己正被带向妖精们居住的洞穴。

进入洞中，那根线引导她走到一大堆石头前，再也无路可走了。"她立刻想到，自己至少可以随从那根线往回走，循原路出去……但是，顷刻间，她感到线从她手中消失了。"精灵婆婆的线只会向前。可是，前面是一堆石头，向后似乎也无路可走了。艾琳扑倒在石头上，伤心地哭了。哭过之后，她意识到必须跟着那根线。

她站起来，决定拆毁那堵石墙，因为那是她能跟着那根线的唯一路径。她开始拆墙，一块接着一块地扒石头。她的手指很快就开始流血，但她仍不放弃。

突然，她听到朋友柯迪的声音，原来他一直被困在妖精洞里。柯迪非常惊讶地问艾琳，"你怎么会来这里？"

艾琳告诉柯迪，是精灵婆婆派她来的，"我想，我现在知道为什么了。"

艾琳跟着那根线，终于挪开石堆，开出通道，柯迪开始从洞穴往外爬——但是，艾琳却继续扒向洞穴深处。柯迪不解地问："你在那里做什么？那不是出口。那正是我被困住的地方。"

"我知道，"艾琳说，"但是，这是我的线引领的方向，我必须跟着它。"[3] 当然，事实证明那根线是值得信赖的，因为婆婆是值得信赖的。

耶稣告诉门徒："来，跟从我。"其实门徒对耶稣何去何从一无所知。他们以为，耶稣去的地方肯定不会差。他们完全不知道耶稣要去哪里。

想一想，假如你坐在一个七岁的小女孩面前，对她说，"你来写一篇文章，谈谈坠入爱河、恋爱结婚是怎么回事。"当你读她的文字时，你肯定会说，这与真实生活相距太远。一个七岁的孩子难以想象爱情像什么，婚姻像什么。当你开始跟从耶稣时，情形也差不多，完全不知道前面还有多远的路要走。

耶稣说，"跟从我。走我带你走的道路，不要偏离左右。你要顺服我，处处把我放在第一位。坚定信靠我，紧紧随从我，不回头，不放弃。当遭遇失望和不公正时，到我面前来。我带你去的地方或许让你极为困惑不解，即便如此，你也要信靠我。"

耶稣带领我们所走的道路，似乎是把我们带入一个又一个死胡同。即便如此，那根线并不回转。你必须跟从它，不偏离左右。如果你实实在在顺服耶稣，他会做成他的工。

《公主和小精灵》的作者麦克唐纳在另外一个故事中这样说："生命与成长的奥秘，不是计划筹谋生命的每一个时刻……而是合适把握生命每一时刻的职责……不是让你计划筹谋的每一刻变成事实——因为那根本不可能，而是让那永恒心智（the eternal Thought）为我们每个人生命中原初所定的旨意成为事实。"[4] 在他的另一本书中还有一句，"只要你拒绝死亡，你就必定死亡。"[5] 意思是说，只要你拒绝向自己死，你就必定死。请跟从那根线。你说，

"那听起来相当困难"。是的，实在不容易。我们怎么可能跟从那根线？说来简单，其实却很深奥。耶稣呼召我们去做的每一件事，他自己一定都曾亲身体验过。他呼召雅各和约翰离开他们的父亲，离开他们的船，他自己已经离开他父亲的宝座。"我主离开天上宝座荣华，无量恩惠白白赐下。"[6] 后来，他甚至在十字架上与父分离，从父面前离开。看起来，你的那根线似乎带领你进入死胡同，带你去的地方让你受伤流血，跟从那根线只能让诸事破碎分离。即便如此，也千万不要回头。不要偏向左，也不要偏向右。耶稣基督的王权不是要除灭你。基督是为你而死。他跟从他的那根线，直到十字架。如此，你可以跟从你的线，进入他的怀抱。

第3章
医治

耶稣开始公开传道教导。他的话满有权柄，极具吸引力。他很快就闻名遐迩，许多人追随他，寻找他。耶稣的反应如何？马可写道：

次日凌晨，天还没有亮，耶稣起身出去，来到荒野的地方，在那里祷告。西门和那些跟他在一起的人就去寻找耶稣。他们找到了，就对他说："大家都在找你呢！"耶稣对他们说："我们到邻近的乡镇去吧，我也好在那里传道，因为我就是为这事而来的。"（可1：35-38）

耶稣早起，到旷野安静祷告。马可的遣词用句说明，耶稣的祷告不是简短敷衍的，而是长达数小时的祷告——

直到西门来找他时，他仍在祷告。

西门告诉他，有许多人聚集想要见他。耶稣却说，他和门徒们应当立刻离开。为什么？人气爆棚，有众人支持，不正是传道的好机会吗？但是，耶稣把这一切都抛在身后。他更为关心的是人们对他回应的**品质**，而不是民众的数量。然而，人们仍旧不断寻找他——有人要听他讲道，有人要病得医治，有人出于好奇或其他原因，前来找他的人很多：

过了些日子，耶稣再回到迦百农。一听说他在屋子里，许多人就都来聚集，甚至连门前都没有地方了，耶稣就对他们讲道。那时有人把一个瘫子带到耶稣那里，是由四个人抬来的。因为人挤，不能带到他面前，就对着耶稣所在的地方，拆去房顶；拆通了，就把瘫子连人带褥子缒了下去。耶稣看见他们的信心，就对瘫子说："孩子，你的罪赦了。"（可2：1-5）

这场面极具戏剧性！如果我正在讲道，突然有人从屋顶被缒下来，原来正在进行的一切都会中止——我绝对没办法再讲下去。这些人如此执着，要从耶稣得到什么呢？乍一看，耶稣似乎不明白他们所求的。耶稣转过身来，不是对那瘫子说，"起来吧，你得医治了"。而是对他说，"你的罪赦了"。如果这个人活在现代，生活在我们周围，我相信他会说类似这样的话："哦，谢谢，不过，那不是我所求的。我是瘫子，我有更为迫切实际的需要。"

实际上，耶稣知道，那人自己却不知道——他其实有比身体状况更严重的问题。耶稣是在对他说："我知道你的问题。我早就看见你所受的苦。我会处理那些问题。但是，请你一定要明白，一个人生命中最主要的问题从来不是他所受的苦，而是他的罪。"如果耶稣的话冒犯了你，让你不舒服，至少请你考虑一下这样的情形：如果有人对你说，"在你的生命中，主要问题不是那些已经发生的事，不是他人对你做了什么；而是你如何回应那些事情。"——具有讽刺意味的是，这样说，你可能不仅不觉得被冒犯，反而觉得很受用。为什么？因为对已经发生的事，或对他人正在做的事，你其实都无能为力——但是，你**能够**做点什么来改变自己。圣经所说的罪，并非只牵涉我们所做的坏事——不只是撒谎、好色或其他任何过犯。如果对罪理解正确的话，罪是在神所造的世界中忽略神；罪是悖逆神，过一种不需要神的生活；罪是妄称"我怎么过一辈子，完全由我自己决定"。耶稣说，那正是我们的根本问题。

耶稣要带领这个瘫子更深刻地思考他的根本问题。耶稣是在说："你来到我面前，只寻求身体得医治，但其实你还有更深的问题。你低估了自己心灵愿望的深度。"所有瘫痪病人都渴望能起来行走，他们全身每个细胞都充满了这样的渴望。这样的渴望很自然，很正当。这个人多年的心愿和渴望，就是有朝一日能再次起来行走。几乎可以肯定，他是在说："只要我能再次行走，我就心满意足，别无所求。我没有什么不快乐的了。我不再抱怨了。只要我能起来行走，一切就都好了。"耶稣在对他说："孩子，你错了。"这话听起来刺耳，却再真实不过。耶稣是说："如果我所做的只是医治好你的身体，你会感到无比快乐，认为自己从此心满意足。但是，两个月、四个月过去之后，那种快乐感、幸福感就会消失殆尽。人心不满足的根源要比这深刻得多。"

对于人心不满足所引起的危害，没有谁比《乡音》杂志专栏作者海梅尔（Cynthia Heimel）讲得更精彩了。她有一篇文章，我一直忘不了。多年来，她认识了许许多多辛苦打拼的演艺人员。为了支付每月的账单，他们在餐馆打工，在剧院入口检票。最终，他们真的成名了。当他们与众人一样惶惶兮兮打拼时，他们会说："只要我能在电影界成功，只要我拥有这个或那个，我就幸福了。"他们那时与许多人一样，面对生存压力而无可奈何，很容易沮丧难过。然而，当他们得到原初最渴求的名声后，你以为他们应当幸福快乐了，其实不然。海梅尔说，他们反而开始变得令人不堪忍受：反复无常，狂躁易怒。你觉得他们是因为成名变得傲慢？其实不只是如此，情形比你所能想象的更糟。他们现在比过去**更不快乐**了。她写道：

我很同情那些名人。你可能不信，但我真的同情他们。他们也都曾经是非常友善亲切的人……但是现在……他们的脾气糟糕透了……他们比任何人更渴望成名。他们认真工作，不断鞭策自己……而就在他们成名后的第一个早晨，却只想获得更多的名声，因为他们努力追求的大事，那能让一切都变得美好的名气，那能使他们得以生活下去、给他们带来成就感和……幸福的事，已经实现了。但是，什么都没有改变。他们仍旧是他们。随后，幻灭感使他们脾气暴躁，令人难以忍受。

海梅尔为他们感到难过。他们已经拥有原本以为可以让一切变得美好的事物，可是，一切并没有因此变得美好。随后，海梅尔说了一句令人愕然的话："我想，如果上帝想要与你开一个天大的玩笑，他就会满足你内心最深的渴求。"[1] 你知道耶稣在对那瘫子说什么吗？ **我不会和你开那玩笑。我不会仅仅医治你的身体，让你觉得你最深的愿望已得到满足。**

进深

圣经指出，我们真正的问题在于每个人都把自我身份建造在耶稣之外的某些事物上，不论是在我们自己所选择的领域内获得成功，还是建立某种关系——甚至是能站起来行走。无论是什么，我们内心都在说："如果我获得那个，如果我最大的愿望实现了，那么一切就都好了。"但是，当你那么做的时候，你是仰慕那件东西，希望那件东西救你脱离籍籍无名、理想幻灭、平凡庸碌。你执着追求的那件东西，成为你的救主。你当下为之拼搏的愿望，成为你的救主。当然，你不会这么说，但那确实是你正在做的事。如果你从未得到自己想要的，你会愤愤不平、闷闷不乐，觉得内心空虚。如果你**真的**得到了，你最终会觉得**更加**空虚，**更加**不幸福。你已经扭曲了自己最深切的愿望，那梦想的东西成了你的救主。当你终于得到了，拥有了，它会反过来控制你。

耶稣说："你要明白，如果你接受我，我会真实地满足你；如果你让我失望，我会永远原谅你。只有我才是成就这工的救主。"但是，我们很难明白这一点。我们中不少人开始寻求神、参加教会活动，是因为遇到难题，需要神援以一臂之力，帮我们渡过难关，让我们继续从事自救的伟业，继续追求自己最深切的愿望。我们没有意识到自己的问题是在耶稣之外寻找拯救者。几乎每一次，当我们来到耶稣面前说"这是我最深切的愿望"时，耶稣总是回答说，"你需要更深入一些"。

在《纳尼亚传奇：黎明踏浪号》中，C. S. 路易斯对这一点有着诗意的描述。故事中有一个名叫尤斯塔斯的男孩，每个人都讨厌他，他也不喜欢任何人。他自私、刻薄，没有人能与他相处得来。有一天，他发现自己竟然神奇地登上"黎明踏浪号"，开始了极不平凡的旅行。有一次，那艘船停泊在一个小岛上，尤斯塔斯走岔了路，发现一个山洞。洞里堆满了各种钻石、红宝石和黄金。他先是想，"这下我发财了！"然后很快就冒出另一个念头：这下他可以报复每一个人了，因为他就是那副德性。那些嘲笑过他、得罪过他、轻视过他的人，他要一一报复。然后，他头枕着一堆财宝睡着了——他还不知道自己是落在一个龙穴里。由于他入睡时心中带着贪婪、邪恶的思想，当他醒来时，他变成了一条龙——庞大、恐怖、丑陋。他很快发现自己完全无法摆脱这副恶心模样。他无法回到船上，只能孤零零地留在孤岛上。想到今后将在如此可怕的光景中度过，他绝望了。

有一天，伟大的狮子阿斯兰出现了，领他到一个清澈的水池边，让他脱去衣服跳进池子里。尤斯塔斯突然意识到，"脱去"意味着"脱去龙皮"。他开始用嘴啃、用手抓他身上的鳞片。他现在知道他的外皮是可以蜕去的。他不停地啃咬抓扯，终于剥下兽皮。但是，令他绝望的是，这层皮下面又是另一层皮。他再次啃咬抓扯，两次，三次，徒劳无用。每次卸下一层皮，下面还有另一层皮。最终，阿斯兰对他说，**你必须让我更深地动工。**下面是尤斯塔斯后来讲述的故事：

老实说，我真怕他的爪子，可是，我现在绝望无助……他起初的剥离太深太痛了，痛彻心腑。当他开始剥去外皮时，那种锥心刺骨之痛，是我以前从未有过的……他终于卸去了那可怖的兽皮——我想到我自己三次剥去兽皮，每次都不痛——扔在草地上，比我自己剥下的皮更厚，更黑，看起来也更疙疙瘩瘩地丑陋……随后，他抓起我，把我丢进池水里……片刻刺痛……随后我发现……我又变回男孩之身。[2]

　　对于我们中间认真对待耶稣的人来说，读到上面这段文字，都会忍不住落泪。如同那个瘫子和尤斯塔斯，我们认为，只要有一点帮助，我们就能自我拯救。但是，我们已经看到，耶稣要带领我们进入更深的内心。我们必须让他用他的手触及我们的心，重铸我们的心灵渴望。你或许已经明白，我们最深切的愿望本身不是问题，如同那个瘫子想要行走，演员们想要成名，或尤斯塔斯想要赢得爱与尊重，这些本身都没有错。我们错在以为只要我们最深切的愿望实现了，我们就痊愈了，我们就得救了——**这才是我们的问题**。我们必须让耶稣成为我们的救主。

再深一步

　　当耶稣对那瘫子说，"孩子，你的罪赦了"。这个举动令人大感意外，甚至引起了他与当时宗教领袖之间的第一次冲突：

耶稣看见他们的信心，就对瘫子说："孩子，你的罪赦了。"当时有几个经学家也坐在那里，心里议论说："这个人为什么这样说话？他说僭妄的话了。除了神一位以外，谁能赦罪呢？"耶稣心里立刻知道他们这样议论，就对他们说："你们心里为什么议论这事？"（可2：5-8）

耶稣可以看透他身边那些人的心——在此是指那些宗教领袖们的心。当耶稣对那瘫子说，"孩子，你的罪赦了"，他们既震惊又愤怒。他们认为，耶稣是在亵渎神，因为耶稣宣称所做的事，唯有神才能做。他们想，"除了神一位以外，谁能赦罪呢？"他们想得完全正确。

让我们设想，汤姆、迪克和哈里正在谈话。汤姆突然一拳重重地打在迪克的嘴上，鲜血直流。哈里起身来到汤姆面前，对他说："汤姆，你虽然打了迪克的嘴，但我赦免你。没关系，都过去了。"一旦迪克安静下来，他会说什么？"哈里，你不能赦免他。只有我能赦免他。他得罪的是我，没有得罪你。"的确，你只能赦免那干犯**你**的罪。那正是耶稣看着那瘫子，对他说"你的罪赦了"的原因；耶稣实质上是在说："你的罪实在是干犯我。"能对人如此说话的，只有人的创造主。耶稣是在通过赦免那人的罪，宣告自己是全能的神。那些宗教领袖们知道这一点：这个人不仅是在宣告他是一个行神迹的人，他是在宣告自己就是创造宇宙万物的主——可以想象他们是何等愤怒。那么，耶稣怎么回应他们的想法呢？

耶稣心里立刻知道他们这样议论，就对他们说："你们心里为什么议论这事？对瘫子说'你的罪赦了'，或说'起来，拿着你的褥子走'，哪一样容易呢？然而为了要你们知道人子在地上有赦罪的权柄，（他就对瘫子说：）我吩咐你，起来，拿起你的褥子，回家去吧。"那人就起来，立刻拿着褥子，当众出去了。众人都非常惊奇，颂赞神，说："我们从来没有见过这样的事。"（可2：8-12）

耶稣向他们提的问题极为尖锐："对瘫子说'你的罪赦了'，或说'起来，拿着你的褥子走'，哪一样容易呢？"两千年来这个问题始终令人费解。有一次就这段经文准备主日讲章时，我拿出了《铁锚圣经注释》（Anchor Bible Commentary）。有关圣经的评鉴性研究，这套解经书在相当范围内无疑具有全面性与学术性，因此备受重视。其中，注释者在评注《马可福音》中耶稣在此所提出的问题时说："你知道，针对这一问题的评注已经数不胜数。可是，直到如今，老实说，它仍旧是摆在我们面前的好问题。究竟哪样更容易：赦罪，还是行走？很难回答。"

耶稣在这里究竟要说什么？乍一看，耶稣似乎是说：
"任何人都能说，'你的罪赦了'，但是，不是每个人都能
医治人的疾病。为了向你表明我是主，有赦罪的权柄，我
就吩咐你说，'起来，拿起你褥子回家去吧。'"很显然，
这种理解意味着，医治人的疾病要比赦免人的罪难多了；
耶稣是通过医治人的疾病，来证明他有权能赦罪。但是，
这个极为深刻的问题之所以困扰人，是因为它的答案不止
一个。耶稣也是在说："我的朋友们，使罪得赦才是更加
困难的事，远超乎你的想像。我不只是施行神迹；我是救
赎主。任何施行神迹的人都可以说，'起来，拿你的褥子
走吧。'但是，唯有世界的救主才能对一个人说，'你的罪
赦了。'"

许多圣经学者指出，在《马可福音》2章，十字架的
阴影已经开始笼罩耶稣前面的道路。耶稣知道那些宗教领
袖在想什么。如果他显明自己不仅仅是一个神迹施行者，
也是世界的救主，他们最终会除灭他。如果他不仅医治那
人的病，同时也赦免他的罪，那么，他就是以坚定的决心
迈出了通向死亡的一步。你能看到他迈出的这一步，是为
我们罪得赦免所付上的定金吗？

可见，在那一时刻，耶稣有权能治好那人的病，正如
他现在有权能使你事业成功，关系圆满，获得别人的赞
赏。他可以不问任何问题，有能力和权柄让我们每个人立
刻得到我们所苦苦追求的一切。

但是，耶稣知道那样不够深入。他知道，无论我们是躺在褥子上的瘫子，还是苦苦打拼的演员，或是如今已经走红的名星，我们所需要的都不仅仅是一个成全我们愿望和梦想的人。我们需要的那位，要做的事比那一切更大。我们需要的那位，能用他权能的双手，慈爱而又温柔地击破自我中心对我们的囚禁，斩断辖制我们、扭曲我们美丽梦想的罪。一句话，我们需要得到赦免。那是我们永不满足、永不安息的心灵得到医治的唯一良方。一个施行神迹的人，或是某个神灵，都帮不了我们；我们需要的是一位救主。耶稣知道，要成为我们的救主，他就必须死。

耶稣让我们看到我们最深切的愿望是什么。在这个过程中，他进一步揭示了人内心最深层、最真实的渴望，那就是对耶稣本身的渴望。耶稣不仅仅满足我们这最深切的渴望，而且要**舍弃自己**以成全这渴望。耶稣不会借着应允你最深切的渴望而跟你开玩笑——直到你明白，他才是你内心最终的渴望。

第4章
安息

耶稣宣告他能赦免人的罪。那些宗教领袖认为耶稣是在亵渎神。但是，耶稣继续宣告，毫无顾忌，让那些宗教领袖愤怒至极。耶稣宣告，他来到世上不是要改革宗教，而是要**终结**宗教，并且以他自己代替宗教。

有一次，在安息日，耶稣从麦田经过，他的门徒一边走路，一边摘麦穗。法利赛人对耶稣说："你看，他们为什么作安息日不可作的事？"耶稣对他们说："大卫和跟他一起的人在饥饿缺食的时候所作的，你们没有念过吗？他不是在亚比亚他作大祭司的时候，进了神的殿，吃了除祭司以外谁都不可以吃的陈设饼，而且还给跟他在一起的人吃吗？"耶稣又告诉他们："安息日是为人设立的，人并不

是为安息日设立的。这样，人子也是安息日的主。"（可
2：23-28）

神的律法要求，六日做工，一日安息。这当然很好。
不过，当时宗教领袖们在这律法之外又加添了许多繁文缛
节。在安息日不可做的事情，多达三十九类，包括收割庄
稼。法利赛人指责耶稣门徒违背了这一诫命。马可继续记
载安息日发生的第二件事：

耶稣又进了会堂，在那里有一个人，他的一只手枯干
了。众人窥探他会不会在安息日医治那个人，好去控告
他。耶稣对那一只手枯干了的人说："起来，站在当中！"
又对他们说："在安息日哪一样是可以作的呢：作好事还
是坏事？救命还是害命？"他们一声不响。耶稣怒目环视
他们，因他们的心刚硬而难过，就对那人说："伸出手
来！"他把手一伸，手就复原了。法利赛人出来，立刻和
希律党人商量怎样对付耶稣，好除掉他。（可3：1-6）

那些宗教领袖让耶稣极为愤怒，为什么？因为安息日
的目的是让那些受压制的得释放，疲惫的得更新，破碎的
得修复。医治那一只手枯干了的人，正合乎安息日的宗
旨。但是宗教领袖们更为关注的是要守安息日的规条，他
们不要耶稣医治那个人——这实在是一个只见树木不见森

林、因小失大的例子。他们的心与那人的手一样枯干了。他们在诸多规条面前诚惶诚恐、焦虑不安，他们心胸狭窄、妄加批判、自我陶醉，却对那个人漠不关心。为什么会是这样？全是**宗教**在作祟。

宗教与福音

在这些冲突中，耶稣指明两种极为不同的属灵范式。设想有两群人，都试图顺服神的律法，但是却从截然相反的两种范式出发。双方都要守安息日，在一种情形下，顺服神的律法是一种负担，一种奴役；在另一种情形下，遵行神的律法是一种喜乐，一种恩赐。怎么会如此不同呢？一种范式是宗教。正如我们前面讨论的，宗教在根本意义上就是**劝告**。另一种范式是耶稣基督的福音，它以**消息**作为开始和结束。这两种范式截然不同。

世界上大多数人认为，如果真的有神，人只要行善就可以与神有好的关系。尽管宗教之间有千种万种的不同，但大多数宗教都是基于这类原理。有些宗教，或许你可以称之为民族宗教，它们说，如果你加入它们的团体，有其社群成员的标识，你就与神建立了关系。其他一些宗教则更关注灵性。它们告诉你，要接近神，你得努力修行，转化意识。还有些是律法主义性质的宗教，有许多行为规条，只要遵行那些规条，神就会青睐你，施以恩惠。所有这些宗教的逻辑一模一样：如果你做到了，如果你遵行了，你就会被接纳。与之相比，耶稣基督的福音不只是不同，而是完全对立：在耶稣基督里，我已经完全被接纳，因此我愿意顺服。

在弗吉尼亚州的霍普维尔小镇，我牧养一间教会达九年之久。在那里我首次真实地意识到宗教和福音之间的某些不同点。大概是在 1977 年，有一次我讲道的主题是"爱人如己"，我当时是这样解释的："我认为，神是在说，'我希望你在满足别人的需要时，是甘心乐意、热情真诚、及时迫切、巧妙机智、富有创意和殷勤主动，正如你如此来满足你自己的需要一样。那是标准，也是我要你过的生活。'"敬拜结束后，有位女生走过来告诉我，她刚刚与她最好的朋友一起参加返校日隆重的"选美比赛"。她的好友摘取桂冠，而她是最后一名。她说："难道你是在告诉我，圣经教导我要为她高兴，如同我自己摘取桂冠一样？我应当与她同乐，好像桂冠落在我头上一样？"

我说："你知道，这正是这段经文相当好的应用。要是我早点知道，会在讲道中引用分享。"

她看着我，然后说："基督教简直太荒谬了，有谁能真的这样去做？"

我们坐下来继续讨论。我提醒她："耶稣的确告诉我们，'要爱你的邻舍如同爱你自己。'"

她回答说："首先，我想清楚知道谁是我的邻舍。他不可能是指世界上每一个人。我绝对不会爱任何人如同爱我自己。圣经的这个规条，涉及我们家周围多少街区？"她继续说："我要明确知道我到底该做什么？我究竟要为我的邻舍做哪些事？"

你听得出她问题中的忧虑吗？她不是一个自以为义、有道德优越感的人。她尚不曾饱尝神在耶稣基督里的爱与接纳。对她而言，律法之目的就是可以确保她在神和他人眼中是个好人，也把她当好人对待。对于用粗线条所描绘的爱与顺服的生活之律法，她没有情感上的确切把握。她希望缩小律法范围，细节明确，规则确定，这样在遵行时，自我感觉会好一些。我们每个人都容易产生这种忧虑——只是有些人比她更会掩饰这一点。

宗教认为，顺从律法的目的，是让你确信你与神的关系没有问题。结果就是，提到律法时，你最为关注的就是律法的规则条文等细节。你要**准确无误地**知道要做的是什么，因为你必须按对按钮才能过关。你不会去探索寻求律法背后的意图；相反，你会关注各类要遵循的律法细节，让自己有确切把握，你正在遵循这些律法规条。但是，在基督徒的生命中，神的律法尽管对他们依然有效，却是以截然不同的方式运作。神的律法是要让你明白，在如此恩待你的神面前，你要过一种爱的生活。神的律法是要带你走出自我囚禁；是要告诉你如何服事神，如何爱他人，而不是囿于自我。你研读和遵守神的律法，是为了明白自己该如何生活，得以取悦创造并救赎你的神，并且更像他，是为了让自己脱离人类犯罪堕落带来的后果。你不应当违背神的律法，或增加人为的细节，把它削减到你可以掌控的范围。

安息日的主

面对这些自以为义、以维护宗教为己任的宗教领袖们，耶稣说："安息日是为人设立的，人并不是为安息日设立的。这样，人子也是安息日的主。"他重申并称颂神设立安息日的原初目的——人需要安息。但是，他戳穿了守安息日的律法主义心态，拆除了整个宗教规条。而且他如此行，是借此表明他的身份。

耶稣本可以借着宣称"我是掌管安息日的主"，来宣告他有神圣权柄更改安息日的规条。但是，他要说的，不止于此。

安息（Sabbath）这个词指一种深层的平安，几乎与**沙龙**（shalom）——生命每个层面都完整和兴盛的状态——是同义词。耶稣说，"我是安息日的主"，他的意思是，他**就是**安息。他是我们渴求的深层安息的源头。他来到世上，要完全改变我们安息的方式。我们每周休息一天，只是浅尝我们所渴求的那深层的神圣安息。耶稣就是那安息的源头。

当耶稣说，"我是安息日的主，我可以使你得安息"，这到底是什么意思？

耶稣呼召你安息，是呼召你放下手中的工作——有规律地从工作中脱离出来，让身体和心灵得以休息。但是，安息还另有更深层的意义。《创世记》1章讲述，神创造世界后息了他的工。这是什么意思？神是累了吗？当然不是。神不会疲倦。那么，神如何安息呢？安息有不同的原因。当你对你的工作极为满意，满意到极点，你没有必要再继续做工，你就放手不再管了。你对你的工作说："我太高兴，太满足了——已经成了。"只有这个时候，你可以走开不做工了。当神完成创造世界之工时，他说："甚好。"于是，他安息了。

电影《烈火战车》是根据真实故事拍摄的。1942年的巴黎奥运会上，有两位参赛运动员。其中一位是利德尔（Eric Liddell），他是位来自苏格兰的基督徒，拒绝在安息日（礼拜天）参加赛跑。他原本极有可能夺金，但由于拒绝比赛而失去获得金牌的机会。从某个层面来说，电影是在讲述安息日要停止做工。但是，电影加添了另一个维度，把亚伯拉罕斯（Harold Abrahams）与利德尔进行比较。两人都竭力备战，要争金夺银。但是，亚伯拉罕斯的目的是要证明他自己。有一幕，他参加短跑比赛，他说："我只有十秒钟可以证明我存在的价值。"他要证明他自己。利德尔则不同，他不需要证明他自己，因为神已经接纳他，他只要得神的喜悦。这就是为什么他会对妹妹说：
"神让我跑得快。当我赛跑时，我就感受到他的喜悦。"亚
伯拉罕斯即使在休息，也觉得疲惫；利德尔即使在比赛，
也觉得在休息。为什么？因为隐藏在我们努力工作背后
的，另有一工，我们实在需要从中退出来，获得安息。那
工就是自我称义之工。它时常引导我们在宗教中寻求
避难。

我们中间大多数人，为了证明自己，他们不停地工
作，试图向神、他人和自己证明我们是好样的。除非我们
能够安息在基督的福音里，否则那种拼命劳苦永远不会完
结。在创造结束时，神说"成了"，然后神就安息了。在
十字架上完成救赎之工后，基督也说"成了"——我们能
安息了。基督在十字架上所成就的，是要让你从工作背后
的劳苦中解放出来，这劳苦隐藏在你心灵深处，让你不得
安息——那正是令你疲惫的东西，因为你要证明自己，证
明你是谁，证明你所做的。殊不知，如此证明永远不会让
你满意，因为你永远不会足够好。如今这一切都结束了，
基督已经成了。基督活出了我们应当活出的生命，承受
了我们应当承受的死亡。我们若信靠耶稣所成就的大工，
神就喜悦我们，接纳我们。因此，我们才有了灵魂深处的
满足。

医生会告诉你，你需要的不仅仅是小憩，而是深度睡
眠。如果灵魂没有深层安息，没有安息在耶稣十字架上所

成就的大工里，即使不断翻新度假旅行方式，你也不会有真正的安息。我们得享安息，是因为耶稣在十字架上为我们承担了与天父分离的不安，在基督里我们得以明白神爱我们，赦免了我们的罪。

"我是"

耶稣说，他是安息日的主。他的自我认知令人惊讶，世上没有任何教师曾如此宣称。有不少人说"我有神性意识"，以为每个人内在都有神性，神性存在于树木、岩石以及人类灵性当中。然而，耶稣告诉我们，真神不是被造的，他无始无终，无限超越；他创造这个世界，维持万有，以他的权能托住所有的被造物，包括所有微小分子、一切星辰以及太阳系。耶稣说，**我就是那一位**。

耶稣一直如此说。在四福音书中，耶稣始终如此独特地宣称他自己。他说，"我是生命的粮""我是世界的光""我是道路、真理和生命""我是真葡萄树""我是好牧人"。使用"我是"一语极为重要，因为这是神向摩西显现时使用的名字。这个名字极为神圣，犹太人甚至不敢直接说出口。然而，耶稣却宣称他的名字是"我是"。

当耶稣医治那个瘫子时，他说，"你的罪赦了。"他实质上是在宣称，**所有的罪都是干犯他的**。因为你只能赦免那干犯你自己的罪，而一切罪都是干犯神的罪，所以他是在宣告自己是神。

每一位先知、宗教导师、圣人——这些往昔的智者——总是以"主如此说"这样的话来支撑他们自己宣讲的权威性。但是，**耶稣从未这么说过**。耶稣说，"**我**实实在在地告诉你们。"甚至他的引注和附言——他所说的一切——都显明，他不是被造的，而是超越万有、创造宇宙的永恒主宰。

许多人会说，"我相信耶稣是一位伟大的教师，但我无法相信人们说他是神。"不过，这里有一个问题，因为耶稣的教导是基于他自我身份的宣告。你喜欢他关于安息日的教导吗？这教导奠基于他是安息日的主，他是安息的源头。他是那位创造世界的神，在第七日歇了他的工。圣经历史学家赖特（N. T. Wright）这样说："你怎么能接受如此惊世骇俗的想法，就是飓风变为人，烈火成肉身，生命本身变成了生命，且行走在我们中间？基督教要么是这样相信，要么什么都不信；要么它最令人惊愕地揭示了世界最为深层的实在，要么它只是一场虚假、荒谬、骗人的闹剧。我们中间大多数人，对孰是孰非模棱两可，只能甘居中流，活在肤浅的世界里。"[1] 他讲得对。如果仔细思想，你就会明白，你不会喜欢任何像耶稣这样宣称的人。他要么是邪恶的撒谎者，要么脑子不正常。这种人，你懒得理会他。或者，耶稣确实是他所宣称的那位，那么，你的整个生活不得不围绕他旋转，你不得不把一切都放在他的脚前，对他说，"指示我。"你是否活在赖特所说的那种"甘居中流"的光景里，活着却没有内在的完整和正直？你是否总是忙忙碌碌，不把耶稣放在心上，只在陷入困境时，才向他祷告？要么耶稣不听你的祷告，因为他在你的心中根本不是他所说的那位，要么耶稣的确是他所说的那位，那么他必须成为你整个世界的枢纽，成为你整个生命围绕的中心。

宗教的结局

耶稣在安息日与宗教领袖们交锋事件的最后，马可记载了一句令人吃惊的话，概述了新约圣经的一个重大主题："法利赛人出去，同希律一党的人商议，怎样可以除灭耶稣。"

"希律一党的人"是指那些支持希律王的人。希律王是罗马统治力量及其政治体系的代表，在以色列历代的败坏君王中，他最令人厌恶。罗马在所征服之地都会设立统治者。罗马人所到之处，都会带来希腊文化——希腊哲学、希腊对性和身体的态度、希腊对真理的认知方式。这些不道德的、混杂的、异教的价值观，令被征服之地（如以色列）的人们觉得深受侮辱。于是，被征服的国家掀起文化抵制运动。在以色列，抵制罗马异教文化侮辱的是法利赛人。他们强调生活要遵循旧约圣经的教导，在自己周围竖起高高的篱笆，防止异教污染。希律党人随波逐流，但法利赛人坚守传统美德。法利赛人相信，多元主义和异教文化正在吞噬他们的社会，他们呼吁回归传统道德价值观。这两个群体长久以来彼此为敌，互不相让。但是，现在他们要合伙**除灭耶稣**。他们过去互不合作，现在他们却走到一起，而且是宗教敬虔的法利赛人带头这样做。

这就是为什么我认为这句话触及新约圣经的一个重要主题。耶稣基督的福音对有宗教信仰的人和没有宗教信仰的人都是一种冒犯。道德主义者不喜欢它，相对主义者也不喜欢它。

秉持传统价值观，寻求道德一致性，这是法利赛人采取的生活方式。它要求你必须带头过一种极高的道德生活。而希律党人的生活方式，其实质是要求自我道德裁定，你必须自己决定什么是对与错，是与非。根据圣经记载，这两种生活态度都把自己当作救主和主。**二者**都与耶稣的教导相悖。不仅如此，二者也都导致自义自恃。道德主义者说："好人请进，坏人请出——当然，我们自己是好人。"自定善恶是非的人说："噢，不，不。与时俱进、思想开放的人请进。判断他人是非对错的偏执狂请出——当然，我们自己是思想开放的人。"在西方大都市文化中，有着大量自义的人批评别人自以为是。我们这些与时俱进的都市人相信自己比那些自以为高人一等的人好多了。我们鄙视那些以宗教道德主义者自居而看不起他人的人。在此我们看到，道德自我裁定与宗教一样，都导致人的自义和自我优越感。你不觉得这极具讽刺意味吗？

福音不是说，"好人请进，坏人请出"；也不是说，"思想开通的人请进，定人是非的人请出"。福音是说，谦卑的人请进，骄傲的人请出。那些知道自己并**不**比他人更好、更开通，也不比他人更良善的人请进；那些认为他们处于正确一方的人，更有可能处在危险之中。

耶稣之前对法利赛人说："健康的人不需要医生，有病的人才需要；我来不是要召义人，而是要召罪人。"（可2：17）耶稣来到世上不是召"义人"，这并不是说，世上会有人不需要耶稣。理解耶稣这句话的线索，在于耶稣把自己比作医生。当你有了健康问题，自己又没办法解决时，你只能去看医生。你想从医生那里得到什么？不只是建议，而是医生的介入。你不希望医生仅仅对你说，"是的，你的确病了！"你需要他给你开些药，或者治疗。

耶稣所说的"义人"，他们在灵性上与那些不想去看医生的人是一样的。"义人"相信，他们能"治好自己"，靠自己立德行善，与神和好，建立正当关系。他们觉得不需要灵魂的医生，不需要有外在力量介入他们的生活，做他们自己不能做的事。然而，耶稣在此教导我们，他只帮助那些知道自己在道德上和灵性上无法自我拯救的人。

因为安息日的主说"成了"，我们从此得以卸下宗教重担，得享安息——永远的安息。

著名的英国传道人卢卡斯（Dick Lucas）在一篇证道中，以富有想象力的方式叙述了古城罗马一个早期基督徒和她邻居之间的一场对话。

　　"嗳，"邻居说，"我听说你是信教的，太好了！有宗教信仰是件好事。你们的庙宇或圣殿在哪里？"

　　"我们没有圣殿，"基督徒回答说，"耶稣是我们的圣殿。"

　　"没有圣殿？那么你们的祭司在哪里工作，又在哪里施行宗教礼仪呢？"

　　"我们也没有祭司作神人之间的桥梁，"基督徒回答说，"耶稣是我们的大祭司。"

　　"没有祭司？那你们要如何献祭，以得到你们神灵的恩宠呢？"

　　"我们不需要献祭，"基督徒回答说，"耶稣是我们的祭牲。"

　　"这到底是哪门子宗教啊？"那位异教徒邻居咕哝道。

　　答案是，它根本就不在宗教之列。

第5章
权能

随着马可讲述的每一段故事，关于耶稣身份的信息也揭示得越来越多——他的权能，他的目的，他的自我理解。马可像一位讲故事的专家，渐渐向读者显明耶稣是谁。

与此同时，马可也是一个忠实的记录者。下一段故事一开始就带入细节。在《耶稣和见证人》一书中，圣经学者鲍克汉姆研究了见证人记忆的特征，指出记载"无关的细节"是当事人见证的标记性特质之一。[1]当然，虚构故事也包含细节，不过这些细节是随着叙事在铺展，它是为了达成作者想要表达的信息。但是，当事人所见证记载的许多细节，仅仅是因为他们记住了这些细节。现代小说作者，常常在他们虚构的故事中加入一些细节，目的是让故事读起来更有真实感。但是，这不是古代传奇的写作方式。根据鲍克汉姆的研究，那些认为《马可福音》是虚构的学者，难以解释在下面将要读到的故事中，为什么马可告诉我们，耶稣坐船渡过加利利海时，还有别的船在他们周围；为什么马可加上一句：耶稣枕着枕头在船上睡着了。这类细节并不强化剧情，对人物角色的发展也没有助益。二十世纪著名圣经学者泰勒（Vincent Taylor）指出，这些细节"对故事的展开毫无必要"，也因此呈现出它们是"真实回忆"的标记。[2]

马可的记载来自使徒彼得的第一手报道。由此我们知道，这个关于耶稣权能的故事是真实发生的。让我们登上船与耶稣的门徒一起认识耶稣的权能。

当天黄昏，耶稣对门徒说："我们渡到海那边去吧。"门徒离开群众，耶稣已经在船上，他们就载他过去，也有别的船和他同去。忽然起了狂风，波浪不断地打进船来，舱里积满了水。耶稣却在船尾靠着枕头睡着了。门徒把他叫醒，对他说："老师，我们要死了，你不管吗？"（可4：35-38）

加利利海低于海平面七百多英尺，北岸距离高达九千二百英尺的黑门山只有三十英里。从山上直扑而下的冷空气经常与加利利海上升起的暖空气碰撞交汇，产生令人惊怖的风暴。耶稣的门徒是加利利的职业渔夫，已经习惯了惊涛骇浪。然而，这场风暴着实惊人，即使有经验的水手，也惊呼自己要丧命了。他们向耶稣呼救："夫子，我们丧命，你不顾吗？"耶稣是怎么回答的？马可接着记载：

耶稣起来，斥责了风，又对海说："不要作声！安静吧！"风就停止，大大地平静了。然后对他们说："为什么这样胆怯呢？你们怎么没有信心呢？"门徒非常惧怕，彼此说："这到底是谁，连风和海都听从他？"（可4：39－41）

耶稣醒来后，发生了两件令人惊讶的事。先是他开口说话，他的命令惊人地简洁。他不是摩拳擦掌，卷起袖子，举起权杖。这里没有魔法咒语。他只是说，**不要作声！安静吧！**仅此而已。面对狂风巨浪，耶稣只是说，**不要作声！安静吧！**——如同对一个调皮任性的孩子说话一样。

第二件令人惊诧的事随即发生：风暴如同一个听话的孩子般顺服了耶稣。"风就停止，大大地平静了。"这种叙述听起来似乎累赘，但是并非多余，因为马可在这里前一句指的是风，而下一句指的是浪。"大大地平静了"可以按字面意思翻译为"死一般的寂静"。你有没有见过平静如同玻璃、毫无波浪涟漪的水面？甚至水面可以照映你的脸。耶稣斥责风浪，风浪就平静了。那可能是一种巧合。如果你乘过海上邮轮，或在海边生活过，你就知道，即使风止住了，风暴过去了，水面上还是会余浪不断，长达数小时。但是，当耶稣说，**不要作声！安静吧！**不仅暴风止住了，海水也顿时变得死一般寂静。

古代诸文化中有一种共识，除了神之外，没有任何力量可以控制大海。在古代文化和传说中，大海象征着不可遏制的毁灭性力量。来势汹汹的海洋力量不可控制，不可阻挡。只有神能控制大海。你听过十一世纪丹麦国王加努特（King Canute）的故事吗？他的臣仆们过分地讨好他。他回应说，"难道我是神吗？"他走到海边，对着海浪说，"不要作声。"当然，海浪依旧拍岸。他说，"只有神能让大海风平浪静。我不能——我不是神。"然而，耶稣却能行使神才拥有的权能。记住，耶稣不是变戏法，不是呼召神灵，祈助于更高权威。如果你读过任何古老的神医传奇故事，你会知道，那些神医总是召唤更高权能来作法。他们会说："奉某某之名，我现在……"但是，耶稣绝对不同。他只是对风暴说，**不要作声！**

当耶稣在安息日与法利赛人对峙时，他说："我不只是教导你得着安息，我就是安息**本身**。"这里耶稣大能的作为本身显明，"我不只是**拥有**能力，我就是权能**本身**。整个宇宙中任何有能力的人，任何有力量的事物，都是从我支取能力"。

这是一种大能的宣称。如果这是真的，那么他到底是谁？这对我们又意味着什么？这里有两种选择。你可以说，这个世界只是巨大"风暴"过后的产物，你在世上活着纯属偶然，这是经由大自然盲目、狂暴的力量，经由宇宙大爆炸产生的结果。你死了，就归回尘土。当太阳再次升起，不会有任何人还记得你曾做过的任何事。因此，无论你是残暴冷血，还是仁慈博爱，从终极意义上来说，这两者之间并没有什么永久性的差别。但是，如果耶稣真是他所说的那位，那么对生命的领悟就会另有蹊径。如果耶稣是控制风暴的主，那么无论世界或是你的生命处于怎样的情形，耶稣都能为我们提供所需的一切医治、安息和权能。

不可遏制的权能

现在让我们看看这段经文中门徒们的情绪反应：

> 耶稣却在船尾靠着枕头睡着了。门徒把他叫醒，对他说："老师，我们要死了，你不管吗？"耶稣起来，斥责了风，又对海说："不要作声！安静吧！"风就停止，大大地平静了。然后对他们说："为什么这样胆怯呢？你们怎么没有信心呢？"门徒非常惧怕，彼此说："这到底是谁，连风和海都听从他？"（可4：38-41）

耶稣平静风浪之前，门徒们感到惧怕（afraid）——

但是耶稣平静风浪之后，他们竟然大大地恐惧（terrified）！在耶稣被叫醒之前，马可说，那条船在风浪中几乎要沉没——水几乎灌满了船舱。门徒们恨不得赶快逃命，他们知道这船很快就会下沉，他们就要没命了。他们叫醒耶稣，对他说，"老师，我们要死了，你不管吗？"这场面触动我们的心，因为每一个在这世上过信心生活的人，都不时会有这种感受。每样事都出错了，你在下沉，而神却似乎在打盹、不在场，或对我们的苦境毫无反应。门徒似乎在说，如果你爱我们，就不会让我们经历这样的苦难；如果你爱我们，就不会让我们身陷险境，濒临灭绝。耶稣平静了风暴，然后对他们说话。他有没有说，**我理解你们的感受**？没有。他问他们，"为什么这样胆怯呢？"你能想象门徒们听到之后会作何感想吗？——你问我们为什么胆怯？你在讲什么呢？我们胆怯，是因为我们就快没命了。我们胆怯，是因为你不爱我们。如果你爱我们，就不会让这种事临到我们。

但是，耶稣提问的背后是这样的想法：你们的预设前提是错误的。你们应当明白，**我的确**允许我所爱的人经历风暴。你们不应该恐惧惊慌。

如果他们在风暴中没有理由惊慌，那么在风暴之后当然更没有理由惧怕了。但是，马可写道："门徒非常惧怕，彼此说：'这到底是谁，连风和海都听从他？'"

为什么门徒们在风浪平静之后比在风暴当中更加惧

怕？因为耶稣如同风暴本身一样完全无法控制。风暴力量巨大，是他们无法左右的。耶稣的能力远远超过风暴，他们更无法控制耶稣。但是，这两种力量却存在巨大的差异。风暴不会爱你。大自然令你失望，甚至毁灭你。你的身体会渐渐衰残，最终走向死亡。因为地震、火灾或其他灾难的缘故，死亡可能会更快临到你。大自然是凶险暴虐的——它的力量不可控制，它早晚会逮住你。你或许会说，那是事实。但如果我跟从耶稣，耶稣也同样不在我的控制之下。他允许一些事发生，让我简直无法理解；他不按照我的计划或我认为合理的方式行事。但是，如果耶稣就是神，他至高伟大，他让你经历一些你所不能理解的事，那一定是有其原因的。他的权能不受拦阻，他的智慧和慈爱也没有穷尽。大自然对人冷漠无情，但耶稣对你却充满无可抑制的爱。如果门徒们确实知道耶稣爱他们，真正认识到耶稣既是大能的又是慈爱的，他们就不会惊慌恐惧。然而，他们的假设是，如果耶稣爱他们，他就不应该让不好的事临到他们。这种思想前提是错误的。耶稣可以爱一个人，却依然让"不好"的事临到他，因为耶稣是神——因为他比我们更知道什么是美善。

如果你的神拥有足够的伟大与权能，却依然让你受苦而令你向他发怒，那么这位拥有足够伟大与权能的神，也有理由让你无法理解他的作为。这是不能两全其美的。我的老师艾略特（Elisabeth Elliot）一语道尽："神就是神。

因为他是神，他配得我们的敬拜和事奉。只有在他的旨意里，我才能找到安息。他的旨意必然无限、不可测度、无可形容地超越了我对他的旨意所能理解的极限。"[3] 风暴不受控制，风暴也不爱你，风暴中没有安息。唯有在神的旨意中才是安稳的。他是神，你不是，因此，神的旨意必然是不可测度、无可言喻地超越了我们的理解。神总让人感觉安全吗？"当然不是。谁说神只是像温顺的羔羊那样呢？但是，他是美善的。他是那位至高的君王。"[4]

昂贵的权能

耶稣接着问门徒们，"你们怎么没有信心呢？"这句话实际上也可以翻译为，"你们的信心在哪里？"我比较喜欢这样的措词。耶稣如此提问，目的是促使他们明白信心中最为关键的要素，不是信心的力度，而是信心的对象。

设想你从悬崖坠落，悬崖边正好有一根伸展出来的树枝足以托着你，但是你不知道它是不是足够坚韧。当你坠落时，你仅有的时间只够抓住那根树枝。你对那根救你性命的树枝有多大信心？你必须绝对肯定它才能救你？不，当然不是。你需要的是有足够信心抓住那根树枝。因为救你的不是你信心的品质，而是你信心的对象。至于你对那树枝的感受，并不重要。重要的是那根树枝本身。而耶稣就是那根树枝。

让我们再来看看麦克唐纳的《公主和小精灵》。前面引用过这本书。柯迪是一个魁梧的年轻矿工，被妖精们抓住，囚在洞中。一天晚上，艾琳在她屋子里听到妖精的声音，她拿着精灵婆婆给她的线，开始跟从它。那根线偏偏引导她进入她最怕的黑暗，但是她用信心跟从，发现了柯迪，带他逃出洞穴。柯迪看不见那根线，也感受不到那根线。他告诉艾琳："非常感谢你救了我的命，但是我不信你的精灵婆婆和你的那根线。"艾琳生气地抗议道，"没有那根线，我怎么能救你？"当艾琳的精灵婆婆现身时，精灵婆婆对艾琳说："柯迪是好孩子，也很勇敢。你已经把他带出来了，难道你不高兴吗？"

"当然高兴，精灵婆婆，"艾琳说道，"不过，我告诉他真相，他却不信，这很糟糕。"精灵婆婆回答说："人们只能相信他们所能相信的，信得多的人不要苛求信得少的人。如果你不是经历过一些与信心有关的事，你自己也不会相信。"[5] 麦克唐纳这里所说的极为重要和深刻，也非常合乎圣经。**信得多的人不要苛求信得少的人**。为什么？因为信心在终极意义上不是一种美德，而是一件礼物。

如果你很想相信却做不到，就不要再折腾自己，来到耶稣面前，对他说："请帮助我信。"到他面前，说："你是信心的赐予者！我一直在折腾自己，试图靠理性、思辨、冥想来建立信心，希望教会牧师讲道能打动我——我一直竭力靠自己建立信心。现在我明白了，你才是信心的源头。请你赐我信心。"如此行，你会发现，耶稣一直在寻找你——他是信心的创始者，信心的供应者，也是信心的对象。

在我们对基督平静风浪的反应中，有某种不寻常的事在发生。读到门徒们总是把事情搞砸的那些记载，我们通常会嗤之以鼻："真是些榆木脑袋！"但是，在这件事上，我们是不是不太会去嘲笑他们？我们理解他们，同情他们。风暴来临，耶稣睡着了，他们快要沉没丧命了。他们以为耶稣不爱他们了。耶稣醒了，对他们说："如果你们知道我多么爱你们，你们就会泰然自若，不至丧胆。"我们想，那不太可能，因为我们知道自己无法如此镇定地面对生活中的风暴。但是，我们拥有某种东西，是门徒们所没有的。外面的风暴无论如何肆虐，我们有一种资源能让我们里面平稳镇定。这里有一个提示：马可记载这一事件时，有意使用类似旧约中约拿故事的语言。耶稣和约拿都是在船上，两艘船在风暴中同样都要沉没——两处经文对风暴的描述也几乎相同。耶稣和约拿都在睡觉。两个故事中，都是水手们叫醒熟睡的人，说："我们要死了。"两种情形中，神都用大能干预，平静风浪。而且，在两个故事中，当风浪平息之后，水手们都是更加惧怕。这两个故事几乎一模一样——似乎只有一点点差异。在风浪中，约拿对水手们所讲的话，实际上是在说："只有一件事可做。我丧命，你们可以生存；我死了，你们可以存活。"（参拿

1：12）于是，他们把他抛入大海。马可记载的故事中，没有这一点，耶稣没有被抛入大海。不过，真的没有吗？马可在此是要表明，当你看到故事的后面，你就明白了，两个故事实际上差不多。《马太福音》中，耶稣说："这里有一位比约拿更大。"他是指着自己说的：**我是真正的约拿**。他的意思是，当那日子来临时，我要平静所有的风浪，止住一切风暴。我要毁灭那毁灭人的，破除那令人破碎不堪的，废除那使人绝望哀伤的死亡。他如何成就这一切？借着他的十字架。他如同约拿一样，甘心被抛入终极风暴，进入终极风浪，进入罪和死的惊涛骇浪之中。耶稣被抛入的是那真正让我们沉没丧命的风浪——永恒公义的风浪，就是我们因为自己的罪而应该被抛入的永恒风暴。除非那风暴吞没他，否则风暴就不得止息。

耶稣为我们舍命，进入那终极风暴，一旦这一真理刻在我们灵魂深处，我们绝对不会说，"神啊，你不顾我们吗？"耶稣既然没有在那终极风暴中抛弃你，是什么让你觉得，在你目前所经历的小风小浪中，他会掩面不看你？耶稣基督不仅看顾你，他还要再来，他要永永远远平息一切的风暴。

一旦这一真理进入你生命的核心，你就会知道他爱你，关顾你。你也将获得泰然面对生活中任何处境的能力。

我呼召你蹚过深水，
险风恶浪不能淹没你；
因我与你同行，艰难变为祝福，
悲苦深愁圣化你心。

灵魂因主平静安稳，
我不会，再也不会，
向灵魂的仇敌俯首称臣；
阴间权势试图摇动我，
但是，我不会，绝对不会，
永远不会弃你独行。[6]

第6章
等待

"恩待我，让我随从基督，学他的样式，有他的忍耐。"
这是《公祷书》作者克兰麦（Thomas Cranmer）为棕枝主
日（即复活节前一个主日）所写的祷词。祷文中提到的
"忍耐"是什么意思呢？忍耐是长久不枯竭的爱，在苦境
中持守承担，不放弃，不怀苦毒。为他人付出，即使不被
感戴，也持续不辍。忍耐意味着接受生活所给予的一切，
即使是苦难，也不忿懑抱怨。当麻烦不断，所期待的迟迟
不到，或重担压身，期待落空，落入这种境地，你将面临
完全失去耐心的试探。有时在你还没有意识到自己失去耐
心之前，你已经失去了耐心。

克兰麦的祷告尤其扎心，因为它是复活节前一周的祷
告，是在记念耶稣十字架上舍命的受难周期间的祷告。耶

稣是忍耐的耶稣，面对苦难死刑，他有忍耐；面对敌人，他有忍耐；面对门徒们，他更有惊人的忍耐——想想之前风浪中他与门徒们在一起的耐心，他一生对所有人都心存忍耐。

马可记载耶稣遇见叶鲁，一个管会堂的宗教领袖。他是一个敬畏神、德高望重的人，也是有钱、有社会地位的人。马可写道：

耶稣又坐船渡到那边；还在海边的时候，有一大群人向他围拢过来。当时来了一位会堂的主管，名叫叶鲁。他一看见耶稣，就俯伏在他脚前。（可5：21 - 22）

一个有身份与威望的人，却俯伏在一个加利利木匠的脚前。这不是极不寻常吗？他肯定是走投无路了。他到底有什么需要呢？马可告诉我们：

他一看见耶稣，就俯伏在他脚前，迫切地求他说："我的小女儿快要死了，请你来按手在她身上，把她救活。"耶稣就和他一起去了。一大群人跟着他，拥挤着他。（可5：22 - 24）

原来是他的小女儿快要死了。他所说的话表明，如果耶稣不去，她就没有指望了。可以想象，当叶鲁意识到他的女儿还有救时，他内心是何等激动，但是，他的内心也一定恐惧不安，怕他的女儿等不到耶稣就已经死了。因此，耶稣、叶鲁和门徒们匆匆赶往叶鲁家。一大群人跟在他们后面，渴望看到另一个神迹：

耶稣就和他一起去了。一大群人跟着他，拥挤着他。有一个女人，患了十二年的血漏病，在好些医生手中受了许多痛苦，又花尽了她一切所有的，不仅毫无起色，反而更加沉重。(可5：24 - 26)

经文记载很有趣，这个女人"在好些医生手中受了许多痛苦……不仅毫无起色，反而更加沉重"。换句话说，她受的苦不仅来自她的病，也来自好些医生的医治。她已经散尽钱财、穷途末路了：

她听见耶稣的事，就从后面来杂在人群中间，摸耶稣的衣服。因为她说："只要摸到他的衣服，我就必痊愈。"于是她血漏的源头立刻干了，她在身体上感觉到病已经得了医治。耶稣自己立刻觉得有能力从他里面出去。(可5：27 - 30)

她混杂在拥挤的人群中，触摸耶稣，得到医治。经文说，耶稣感到有能力从自己身上出去。这是《马可福音》

首次使用希腊文 *dunamis*（能力），也是英文中 dynamite（炸药）一词的来源。耶稣感觉到有能力从自己身上出去，知道有人得医治了。他释放了能力，她才得到能力。在拥挤的人群中，他停下脚步，转过身来说，"我要知道是谁摸了我。"

就转过身来对群众说："谁摸了我的衣服？"门徒对他说："你看，这么多人拥挤你，你还问'谁摸我'吗？"耶稣周围观看，要看作这事的女人。那女人知道在她身上所成就的事，就恐惧战兢地前来向耶稣俯伏，把实情全告诉了他。（可5：30－33）

耶稣停下脚步，要看看因他能力得医治的人，并让她说出全部的"实情"。

你可以想象，在这个过程中，叶鲁是何等焦虑不安，门徒们是何等迫不及待。但是，耶稣沉着、忍耐、平静。耶稣不顾那个得了急病就要死去的小女孩，而去关注这个得慢性病的女人，并且决定停下来，与这个刚刚得到医治的女人交谈。这太不可思议了，也完全不合常理。事实上，还有比这更糟糕的，因为这相当于失职。那女人身患慢性病，再等几个小时去医治，没有什么问题；那小女孩却因病命悬一线。如果二人同在一个急诊室，医生先治疗那女人，却让那小女孩死了，这医生一定会被告上法庭。

耶稣在此所做的，就像一个鲁莽的医生。叶鲁和门徒们一定在想："你在做什么啊？你分不清事情的轻重缓急吗？快点，否则就来不及了。那小女孩现在急需你的帮助。耶稣啊，快点！耶稣啊，快点！"

但是，你急，耶稣不急。他站在那里，与那女人交谈。叶鲁一路上提心吊胆的事终于发生了：

耶稣还在说话的时候，有人从会堂主管的家里来说："你的女儿已经死了，何必还劳动老师呢？"（可5：35）

你可以想象，此刻叶鲁会怎样看待耶稣。但是，耶稣却平静地看着他。

耶稣听见所说的话，就对会堂主管说："不要怕！只要信！"（可5：36）

实际上，耶稣是在对叶鲁说，**相信我。要有耐心。不必惊慌**。在每个文化当中，人们对时间的感受不尽相同。在跨文化接触和事件中，这一点表现得相当明显。设想有一个婚礼，在新郎成长的文化背景中，迟到十五或二十分钟，没有什么了不起；而新娘成长的文化不能容忍任何理由的迟到。现在新娘和伴娘一切准备就绪，新郎仍不见踪影，时间已经过了十五分钟。在教堂的左边，亲友们搓着手，面色凝重，焦急不安；而教堂右边的宾客却都神色从容。不同文化中的人对时间的理解是相对的。每个人都有一种感觉，"这是对的，那是不妥的。"

然而，无论生活在什么样的文化背景中，神的时间观总是让我们摸不着头脑，因为神从不根据我们的时间表行事。当耶稣看着叶鲁，对他说"相信我，要有耐心"时，他也是对所有人说："还记得我平静风浪时，我让你看到，让你经历风浪，并不意味着我对你没有恩典和慈爱，虽然你也许不这么认为。我现在要告诉你，那看起来不合情理的延迟，其实与我对你的恩典和慈爱并不矛盾。并不是我不理会你的催促，即使我很爱你，事实上，我要告诉你，我不理会你的催促，是因为我爱你。我知道自己在做什么。如果你要我照你的时间表、你的计划行事，你就很难感受到我的爱。"耶稣不慌不忙，因此我们常常与叶鲁一样，感到焦急、不耐烦，因为在我们看来，耶稣的迟延太过分了，简直不可理喻。

我们真正所需的

恰恰是因为耶稣的迟延，叶鲁和那女人得到的远超过他们所求的。要知道，你向耶稣祈求帮助，你给予他的和从他所得到的，总是远超过你所预期的。要有耐心，因为你所求的总是出乎意料地临到你。有叶鲁为例。他来到耶稣面前，是请求耶稣医治他的女儿，因为她命在旦夕。但是，他得到的远超过他所求的。让我们来看看这个故事接下来的部分，那是故事的高潮，情节更为跌宕：小女孩死了，耶稣看着那父亲，对他说："我依然要去。"

于是他不许别人跟他一起去，只带了彼得、雅各和雅各的弟弟约翰。他们来到会堂主管的家，耶稣看见许多人哭泣哀号，一片混乱，就走进去，对众人说："为什么大哭大嚷呢？孩子不是死了，是睡着了。"众人就嘲笑他。（可5：37-40）

当他们抵达叶鲁家时，每个人都在为死去的孩子哀伤哭泣。耶稣却说，孩子睡了。可以想见，众人都会嗤笑耶稣。他们不至于糊涂到连一个孩子是死是活都分不清。故事继续展开：

耶稣把众人都赶出去，带着孩子的父母和跟随他的门徒，进入孩子所在的房间。耶稣拉着孩子的手，对她说："大利大，古米！"翻译出来就是："小女孩，我吩咐你起来！"那女孩子就立刻起来行走；那时她已经十二岁了。众人就非常惊奇。（可5：40-42）

难怪众人感到震惊。叶鲁求耶稣治愈她的女儿，而不是求他让那孩子从死里复活。当我们向耶稣祈求帮助时，我们得到的远远超过我们所求所想的。

但是当你求他帮助时，你最终所付出的，也远远超过你所能想到的。叶鲁来找耶稣，他想，他要信靠耶稣，只要能让耶稣去他的家就好。他希望，在耶稣到达之前，孩子千万不要死。但是，耶稣对他的要求更多：由于耶稣这位大医生的失职，叶鲁的女儿还是死了。之后，耶稣看着他，对他说："信靠我。"此刻，叶鲁信心所经受的试验，远远超过了他自己所能想象的。

或者以那生病的女人为例。她找耶稣的目的是寻求医治。她所求的只是触摸一下耶稣，然后就走。她要说的是，"我病好了，就走"——就这么简单。但是，耶稣所要的不止于此。他催促她走出来，让众人知道。要晓得，这对她是要命的事。她身患血漏多年，在礼仪上被认为是不洁净的人。人们或许会说她是受咒诅的女人，因为她一直不得痊愈。由于她在礼仪上是不洁的，在公共场合触摸拉比是大禁忌。因此，耶稣要求她出来公之于众，对她实在是一件要命的事。

为什么耶稣这样要求？因为她有这样的需要。她对耶稣的权能有一种近乎迷信的想法。她内心想，只要轻轻一摸就能治愈她的病。她以为耶稣的权能是可以控制的。耶稣要她亮出她的身份，是要对她说："哦，不是你那一摸救了你，而是你的信救了你。"让我们现在看看这故事的高潮：

　　那女人知道在她身上所成就的事，就恐惧战兢地前来向耶稣俯伏，把实情全告诉了他。耶稣对她说："女儿，你的信使你痊愈了，平安地回去吧，你的病已经好了。"（可5：33－34）

　　耶稣此刻是在对她说："救了你的，是你的信，不是你的一摸。现在你知道了，你与我是在一种改变生命的关系中。"一个生命得到改变、永远跟从耶稣的人，与只要身体得医治的迷信者完全不可同日而语。

　　如果你为某件事寻求耶稣，他向你所要的，远远超过你原计划要给出的，但是，他所要给予你的，也一定远远超过你所求所想的。

我们真正需要知道的

　　对叶鲁和门徒们来说，耶稣花太多时间在一个身患慢性病的女人身上，延误了治愈那个小女孩的最佳时机，这是失职。但是，读到故事结尾，我们就得知了某些他们当时不知道的事。我们知道，对耶稣来说，让小女孩从死里复活，或医治她的病，二者之间没有什么区别——耶稣有权能胜过死亡。我们也知道，一个只寻求病得医治的迷信女人，她的生命被耶稣改变而跟从了耶稣。但是，叶鲁和门徒们看不到这一点，对二者之间的区别，他们一无所知。

对叶鲁和门徒们来说，耶稣的迟延似乎没有什么好的理由，其实他们并不知道故事的全部。在我们生活中也常常如此。我们以为神迟迟不施恩惠是不合情理的，是神失职了，事实上那是因为我们是有限的，不是全知的，许多至关重要的信息、许多事物本质上的可变性，是我们所不知道的。如果我能坐下来，聆听你生命中的故事，我或许会和你一同说："我不明白神为何不来帮助我。我搞不懂他为何迟迟不出手。"我知道你的感受，我这样说是希望能设身处地考虑你的感受。但是，看到神在我自己生命中的迟延时，我意识到许多惊恐困惑，根源在于我的傲慢。我向耶稣抱怨："好吧，你是神的永恒之子，从永远到永远你一直活着，你创造宇宙万有。但是，我自己应该如何生活，难道你比我更清楚？"埃吕尔（Jacques Ellul）在其经典著作《技术社会》（*The Technological Society*）中指出，在现代西方社会，我们所受的教育要我们相信，生命中的一切都是可以控制的，为要达成我们自己的目的。[1]的确，在人类历史中，古今中外许多人都秉此共识。但是，埃吕尔相信，现代西方文化使得这种状况更糟。我们不是神，但是我们却如此妄自尊大，以为自己可以控制一切。故此我们有时实在需要神的耽延，这耽延可以剔除我们内心的自义与傲慢。

此刻，在你的生命中神正在耽延一些事情吗？你准备放弃吗？对神已经失去耐心了吗？记住，可能有个关键要素，恰恰是你所不知道的。解决之道即是信靠耶稣，就像叶鲁一样。

我们如何真正明白

耶稣到了叶鲁家，说那小女孩只是睡了，你会觉得很奇怪吗？《马太福音》和《路加福音》中的平行经文都清楚说明，耶稣知道那小女孩死了。她不是**快要**死了，而是**已经**死了。既然如此，耶稣为什么说她睡了呢？

答案就在于耶稣接下来所做的。耶稣坐在小女孩身边，拉着她的手，对她说了两句话。首先，他说，"大利大"（*talitha*），字义是"小姑娘"，但是这不能充分表达他所说的意思。"大利大"是一种昵称，用于指称所钟爱的人，也许翻译为"宝贝"更贴切。耶稣对她说的第二句话是"古米"（*koum*），意思是"起来"，但不是指"复活"，它只是指"起来"。耶稣在这里所做的，正是这孩子的父母在一个阳光明媚的早晨可能会做的事。他坐下来，拉着她的手，对她说："宝贝，该起床了。"她听从耶稣的话，坐了起来。耶稣在此面对死亡——人类最无情、最残酷的敌人，满有权能地拉着这孩子的手，温柔地把她从死亡中唤醒。"宝贝，该起床了。"耶稣是以他的行动表明，"有我拉着你的手，死亡也不过是睡了一觉而已。"

耶稣的话语和行动不仅充满权能，也充满慈爱。在你小时候，如果父母拉着你的手，你是不是觉得一切都平安稳妥？不一定。世界上有些父母并不称职，即使是最好的父母，也不可能完美。最好的父母也有疏忽的时候，有可能把孩子弄丢了；最好的父母也会做出错误的选择。但是，耶稣是终极意义上的父母，他拉着你的手，牵引你度过最黑暗的夜晚。他是宇宙的大主宰，是他让星辰循其轨道舞蹈。他拉着你的手，对你说："宝贝，该起床了。"

耶稣有如此权能，如此慈爱，而且如此温柔地对待我们，我们有什么理由催促他？我们怎么能对他如此没有耐心？耶稣拉着我们的手，带领我们走过漆黑的夜晚。是什么让他能够如此行？保罗在写给哥林多教会的信中说道："他因着软弱被钉死了，却靠着神的大能活着。我们在他里面也是软弱的，但靠着神向你们所显的大能，也必与他一同活着。"（林后 13：4）基督成为软弱，为了让我们成为刚强。小孩子在拥挤的人群或黑暗中，最让他们恐惧不安的莫过于抓不到父母的手了。但是，这与耶稣的自我牺牲相比，实在算不得什么。在十字架上，他松开了拉着他的父亲的手。他进入坟墓，为的是让我们不被坟墓拘禁，并从死亡中活过来。他松开了拉着他的父亲的手，为要让我们知道，他一旦握住我们的手，就绝对、永远不会离开我们。

　　顺便提一句，这正是克兰麦在棕枝主日所祷告祈求的。整句祷文是这样的："恩待我，让我随从基督，学他的样式，有他的忍耐；塑造我，让我与他的复活有份。"基督知道，十字架是通向荣耀冠冕的唯一道路，死亡是通向复活的唯一途径。由此，他医治那有病的女人，再次预示他要走上的十字架。他失去能力，为要让她得着力量。但是，在十字架上，他失去了他的生命，为要让我们永远活着。耶稣赐给我们能力和生命的唯一途径，是软弱和死亡。

　　你正在催促耶稣吗？你等得不耐烦了吗？让他拉着你的手，做成他要做的工。他全然爱你。他知道他在做什么。很快就是醒来的时候了。

　　让我们效法他的忍耐，任他陶塑，得以有份于他的复活。

第 *7* 章

不洁

　　耶稣与宗教领袖们之间的冲突并没有缓和。马可记载的一个事件，讲到耶稣和那些宗教领袖之间就洁净律、饮食律以及有关洁净礼仪的规条起了争议。一般人很容易认为，此类律法的争议或许对考古研究有价值，但肯定与我们今天的生活不相关。其实，它涉及的问题与任何时代、任何文化都有着深刻的关联。事情的经过是这样的：

　　有法利赛人和几个经学家从耶路撒冷来，聚集到耶稣那里。他们看见他的门徒有人用不洁的手，就是没有洗过的手吃饭，（原来法利赛人和所有的犹太人都拘守古人的传统，如果不认真洗手，就不吃东西；从街市回来，不先洗手，也不吃东西，还有许多别的传统，他们都沿袭拘守，例如洗杯、洗罐、洗铜器等等。）法利赛人和经学家问耶稣："你的门徒为什么不遵行古人的传统，用不洁的手吃饭呢？"（可7：1-5）

根据摩西律法有关洁净礼仪的规条，如果你触摸过动物或人的尸体，或者患有传染性皮肤病，如疖疮、皮疹、溃疡等，或者触及霉菌（比如你的衣服上、家中物件或房屋本身的霉菌），或者任何体内排泄物，或者吃了不洁净动物的肉，你就会被认为在礼仪上是不洁的、污秽的、肮脏的和不干净的。这意味着你不能进入圣殿——你也因此不能加入神子民的群体一起敬拜神。如此严格的规定对我们来说似乎太苛刻了。但是，仔细想想，它们并非听上去那么不可思议。几个世纪以来，人们在特定时节禁食祷告。为什么？为了加添灵性上对神的渴慕。而且，在不同信仰传统中，许多人祷告时要跪下来。跪下来不是很不舒服吗？但这样做有助于我们培养灵性上的谦卑。因此，在耶稣时代，宗教人士洗涤洁净自己，小心翼翼不接触不洁之物，避免污秽和疾病，是以一种可见的方式帮助自己认识到，人在灵性和道德上是不洁净的，若不经过某种灵性上的净化，人就不能靠近神，不能进入神的同在。

如果你准备面见极为重要的人——比如与心仪者约会或重要的工作面谈，你通常会梳洗干净，注意口腔卫生。你这么做是为了什么？你是在除去不洁。你不希望身上有丝毫龌龊或污点，不希望自己身上气味难闻。有关洁净礼仪律法的意义也是如此。如果你在灵性和道德上是不洁的，你就不能靠近圣洁的神。

在神眼中我们都是不洁的，都不配站在至圣者神面前。对于这一点，耶稣和当时的宗教领袖都毫无异议。但是，就不洁的来源以及如何解决人的不洁，耶稣指出他们的看法是错误的。马可记载：

> 于是耶稣又把群众叫过来，对他们说："你们大家都要听我说，也要明白：从外面进去的，不能使人污秽，从里面出来的，才能使人污秽。"（可7：14-15）

耶稣让我们明白，人凭天然本性都不能靠近神，不配进入神的同在。当然，大多数现代人难以接受这样的观念。许多人会争辩说："古人之所以觉得世界是令人恐怖的，是因为他们不懂大自然运行的法则，因此他们编造一些神话，用来解释世界。他们想要更多掌控自己的命运，就臆想编造出一些绝对的道德法则，以及需要安抚的愤怒的神灵。当有事情发生时，他们就认为那一定是得罪了神灵，让神灵不高兴了。因此，古人总是充斥着羞耻感和罪疚感。"他们会继续说，现今不一样了，我们已经超越了前人臆想出来的绝对道德法则。没有人真正知道何为是，何为非；也没有人确实知道神，认识神。我们必须自己做决定，不能囿于他人的道德标准。而且，我们相信个体的权利和尊严，任何人都不应当被看为是不洁的、污秽的或邪恶的。我们相信人的本性基本上是良善的。

这是当今时代人们津津乐道的。即使有一位神，我们也不相信他是超越的、圣洁的，更不相信我们在他面前是有罪的，要受到他的审判。

若果如此，那些纠缠我们的深深内疚感和羞耻感又从何而来？

卡夫卡是二十世纪一位卓越而又古怪的大作家。他的小说《审判》（*The Trial*）探讨的就是这个问题。故事的开始，约瑟夫·K过着正常人的生活，随后，他被关进监狱。没有人告诉他，他究竟做错了什么，为什么被关押。**为什么要逮捕我？我究竟有什么错？**无人告诉他。他从一个监狱被带到另一个监狱，再带到下一个监狱；一个法庭听证会过去，又被带到另一个听证会。没有任何人向他解释，这究竟是为了什么。每个人都是那么冰冷、麻木而又无情。他们说："你找我的上司去，我只是在执行命令。"他仍旧不断地被带到一个又一个的法庭听证会，从一个监狱被带到另一个监狱，就是没有人告诉他错在哪里。约瑟夫一生都困惑不解。**也许是因为那个原因。我被捕是因为那个原因吗？那是我做的。但那件事看起来有那么坏吗？也许是因为……**他从未找到真正的答案。最终，一个监狱看守刺死了他。

卡夫卡在日记中所写的一些话，被许多人看做是《审判》所要表达的主题。"我们今日自身所处的状态是有罪的，但与罪咎无关。"[1] 换言之，在我们生活的世界里，我们并不相信有审判，不相信有罪这回事，可是我们仍旧觉得有些事是不对的。卡夫卡在此触及生命的实质性问题。尽管我们抛弃了古老的罪与罚之类的思维范畴，但是我们仍旧有着深深的、不可逃避的内在不安：如果细细查验审视，我们担心自己不受欢迎，担心被人拒绝，担心被人看不起。我们都深深地觉得，要把真实的自我隐藏起来，至少在众人面前要收敛一下自己，掩饰一下自己。可是，在暗地里，我们仍旧觉得自己不够好，不够可爱，所以需要向自己和他人证明我们是可爱的，有价值的，是配得他人接纳的。

为什么我们如此拼命工作，总想着，"只要达到那个层次，我就能歇一口气了"？事实上，即使达到那个层次，我们也不会歇一口气——我们仍旧会工作，拼命地工作。是什么力量在推动我们？到底是什么力量让一些人总是一心想着不要让他人失望，要让他人看得起自己？为了让他人看得起自己，我们没有生活界限，没有生活原则，不论他人要求我们做什么，无论他人如何剥削我们、践踏我们，我们都要自己争一口气，不让人失望，因为令人失望是死亡的一种形式。为什么这些东西让我们如此纠结？如此执着于追求他人的肯定？那些对自我价值的怀疑从何而来？我们为什么如此惧怕委身？卡夫卡实质上是在说：
"你不信有罪这回事，你不信有审判这回事，也不信有定
罪这回事。但是，在某种程度上，你知道，你自己不够可
爱，不够完美，不够洁净。"你或许从心理学角度予以解
释说，我有一种情结，我的父母过去不够爱我，我是家庭
的牺牲品，我有自我形象不佳问题。但是，无论你怎样为
自己辩护，都逃脱不了这样的事实：我们都有一种自认为
不洁、不完全、不配的感觉。

由外而内的洁净

耶稣让我们看到，为什么我们不能摆脱那种污秽不洁
感。马可记载的故事继续展开：

耶稣离开群众，进了屋子，门徒就来问他这比喻的意
思。他对他们说："连你们也是这样不明白吗？难道不知
道从外面进去的，不能使人污秽吗？因为不是进到他的
心，而是进到他的肚腹，再排泄到外面去。"（他这样说是
表示各样食物都是洁净的。）（可7：17 - 19）

耶稣在此使用的语言相当形象生动：你吃的食物无论
干净还是不干净，都是先入口，再进肠胃，最后（实实在
在地）落入茅厕。它绝对不会进入你的心。由外而内的任

何东西，都不会令我们不洁净。

接着他又说："从人里面出来的，才会使人污秽。因为从里面，就是从人的心里，发出恶念、淫乱、偷盗、凶杀、奸淫、贪心、邪恶、诡诈、放荡、嫉妒、毁谤、骄傲、愚妄；这一切恶事，是从人里面出来的，都能使人污秽。"（可7：20-23）

这个世界究竟出了什么问题？为什么世界竟成为如此混乱痛苦的地方？为什么国与国、种族与种族、部落与部落、阶级与阶级之间会有如此多的纷争？为什么各种关系总是趋于摩擦和瓦解？耶稣是在说：**我们自身就是问题所在**。这些问题是由内而外的。人以自我为中心，这就是罪。事实上，这些由内心生发出来的罪使得我们如此不洁净。因此，耶稣稍后告诉他的门徒说：

如果你的一只手使你犯罪，就把它砍下来。你身体残废进永生，总比有两只手下到地狱，进入那不灭的火里好得多。如果你的一只脚使你犯罪，就把它砍下来。你瘸腿进永生，总比你有两只脚而被丢在地狱里好得多。如果你的一只眼睛使你犯罪，就把它挖出来。你只有一只眼睛进神的国，总比你有两只眼睛而被丢在地狱里好得多，在那里虫是不死的，火是不灭的。（可9：43-48）

罪恶的行为（所提及的手和脚）和罪恶的欲望（所提及的眼睛），如同我们客厅中升腾飞溅的火焰。比如，沙发垫子着火了，你绝不会说："整幢房子还没有着火——着火的只是一个垫子而已。"如果你无视那着火的垫子，不当机立断采取措施，那么整幢房屋将很快被大火吞没。火焰是永不满足的，它不会小火慢慢燃烧，也不会甘心囿于一角。它最终要吞没你，摧毁你。罪也是如此：它绝对不会甘居一隅，不越雷池半步。罪总是让人与神分离，为此生和彼岸生命带来巨大的灾难和痛苦。圣经称这种苦难为地狱。这是为什么耶稣使用截肢断体的痛苦这类形象语言来讲说的原因。这里绝对没有妥协。我们必须行动，避免这种苦难：如果我们的脚叫我们犯罪，就应当砍掉它；如果我们的眼睛叫我们犯罪，就应当挖掉它。

但是，耶稣刚刚指出，我们最大的问题，就是使得我们成为不洁的东西，不是我们的脚或眼，而是我们的心。如果问题只是脚或眼，尽管砍脚或挖眼这种解决方式太令人惊骇了，但问题总归是可以解决的。可是我们不能砍掉我们的心。无论做什么，无论如何竭力尝试，外在的办法都不能解决人的灵魂问题。由外而内的洁净绝对行不通，因为引起我们大多数问题的原因，都是由内而外的。由外而内，绝对不能让我们摆脱自我的不洁感。

正如索尔仁尼琴所说的，"善恶的分界线，不是划在国与国之间，不是划在阶级与阶级之间，也不是划在政党与政党之间，而是划在每个人的内心——划在所有人的内心。"[2] 圣经反复指出，世上没有好人和坏人之分。世上可能有人"更好一点"，有人"更坏一点"。但是，在"好人"和"坏人"之间没有清楚的分界线。考虑到我们的罪和自我中心，在致使这个世界变得如此悲惨和破碎方面，我们都有份。

然而，我们**仍旧**通过外在的诸多标准来对付那种不洁感。耶稣已经指出，那些企图无法解决你的内在问题，我们却偏要尝试。让我举几个例子。第一个例子就是宗教本身。我们认为，如果我远离色情电影、龌龊行为，也远离糟糕的人，如果我祷告读经，如果我真实行善，那么神会看到我的可爱之处，配得他的恩典，他会来到我的生命中，医治我的心。但是，耶稣告诉我们，这种模式根本行不通。你永远也不会觉得你足够好了。尽管你祷告，竭力成为好人，但是你的心没有改变。你的内心从来没有充满爱、喜乐和安全感。事实上，你更加忧虑，因为你永远不知道你是否能达到那种境界，过那种生活。当生活中出现问题时，你会立刻陷入怀疑之中，"我觉得我过的生活足够合乎善行了，为什么神让这种事发生?"当然，陷入这种困境，你永远也找不到答案，因为宗教根本不可能帮助你摆脱自义、自我中心、自我迷恋的企图。它不可能真正给你力量，改变你的心。宗教是由外而内的方式。

通过政治途径实现自我拯救，如出一辙，也是由外而内的企图。第二次世界大战刚一结束，一大批英国政治学人发现他们的整个世界观已经被这场战争击得粉碎。乔德（C. M. Joad）是一位持社会主义理想的哲学家，曾经是一位无神论者。1952 年，在他过世之前，出版了《重获信仰》（The Recovery of Belief），书中论到他如何回归对神的信仰。他说："恰恰是因为抛弃了原罪教义，令我们左翼人士总是失望。人们抛弃理性，拒绝成为合乎情理的人，对此我们深感失望；对世界各国以及政治家们的行为也深感失望，……但最让我们感到失望的，是战争频发的事实。"[3] 乔德指出，他圈内学人之所以难以解释普罗大众和领袖们的行为，是因为他们不相信罪存在的事实。塞西尔（Lord David Cecil）爵士在犹太人大屠杀之后这样说："鼓吹社会进步的政治哲学思潮教导我们，要相信人的野蛮和原始状态已经被我们抛在身后……但是野蛮主义不是在我们身后，而是在我们内心。"[4]

生活在同时代的英国作家和诗人塞耶斯（Dorothy Sayers）指出，第二次世界大战对英格兰受过良好教育的精英阶层是一次沉重打击，因为这个阶层对"进步和启蒙所产生的文明影响力，有着乐观主义的信仰"。也正是这个精英阶层发现，"极权国家存在的骇人兽行，以及资本主义社会的顽固自私、愚蠢贪婪是何等令人震惊。对他们来说，这些事情彻底颠覆了他们所相信的一切，他们的宇宙根基似乎已经分崩离析"。[5]

塞耶斯在《信经还是混乱?》（*Creed or Chaos?*）一书中指出，过去的一个世纪甚至更长一段时间内，政治的运行基础在于：人类社会的问题不在于人心，而在于社会结构，在于缺少教育，缺少运用我们通过科学所知道的知识。如果我们填补了这些空缺，人类社会就能获得长足进步。近代历史上充斥着许多理想幻灭的人，他们要么认为资本主义会使我们生活得更好，要么幻想社会主义会使人们更幸福。事实上，人内心的罪，在不同的社会政治体系中有不同的表现形式。政治途径也是由外而内，此路不通。

此外，流行文化的世界也有着同样的企图。凯丽（Christina Kelly）是一位成功的年轻女性时尚杂志的编辑，几年时间里，她在 Elle Girl, YM, Jane 和 Sassy 这几家杂志任职。几年前她写过一篇自白性的文章，她问道：

> 为什么我们羡慕名人？我的理论是：成为人就是感受到自己的微不足道，因此我们崇拜名人，模仿他们，让自己看起来更像他们。认同他们所做的一切，为了逃避我们自身生活的无足轻重感。但是，这种做法极为愚蠢。汇入那些由完美化妆、整型与抽脂造成的明星之流，你得要有超强的自尊强化装置，才不至于在他们面前无地自容。我们崇拜他们，因为我们感觉自己籍籍无名、无关紧要。但

是，你这样做会让自己感觉更糟。是我们把他们推崇成明星，而他们的名气反过来使我们更觉得自己微不足道。作为编辑，我成为这整个追捧过程的一部分。难怪每天工作结束时，我总觉得自己身上沾满不洁的尘土。[6]

她的坦白颇具卡夫卡的味道。**成为人就是感受到自己的微不足道。**我们每个人此时或彼时都会感受到这类难以言说的无足轻重感，感受到自己的不洁，需要把自己变得重要一些。流行文化对我们说："嗨，这是除去不洁感的妙方：让自己变得漂亮一些，把皮肤保养得光滑无瑕，改变你的容貌，去瘦身，让自己看起来像一个明星。"但是，凯丽指出，我们可能难以相信，那些明星通过美容并没有成功解决他们对自己的不满意感，更别提我们这些不是明星却模仿明星的人，因为我们距离明星还很远。由外而内的方法行不通。

或许你说，"我不信教，对政治也没有兴趣，也不会一味地追求流行文化。"因此，为了让你看到**每个人**都在试图由外而内地洁净自己，并且劳而无获，我来简单地讲讲基督教事工本身，你将看到无人幸免这种徒然的挣扎。为什么有人会全职事奉？出于崇高的动机，我在一本书中读到司布真讲的一段话，他是职事奉的学生们讲的。他说："不要为了把魂而去传福音。"读这本书时，我二十来时在想，"传福音是为了救自己，世界上会有这种傻瓜吗？"但是，参与教会事工之后，你会逐渐意识到，当教会事工进展顺利，教会在成长，会友也喜欢你，你会因此自我感觉良好；当教会事工不顺，会友并不真正喜欢你，你会因此觉得苦不堪言。在此，你落入由外而内的陷阱中。事实上，你已经在设想，"如果会友喜欢我，对我说，'哦，多亏有你帮助我。'那么神一定会喜欢我，我也因此会喜欢我自己。这样，那种无足轻重感，那种自我不洁感，就消失了；而自我价值感，自我重要感，就会随之而来。"但是，事实并非如此。多年前，我读到一篇学术论文，如此翻译《罗马书》1：17："那借着信而为义的人将要得生。"那时，我似乎听到一个声音说，"是的，那凭借讲道而为义的人，每个主日都将要死。"[7]

可见，我们都在试图洁净自己，靠自我善行补赎来遮盖我们的不洁。但是，这是一条死胡同。先知耶利米极为生动地指出："'你虽然用碱洗涤，多加肥皂，你罪孽的污渍仍留在我面前。'这是主耶和华的宣告。"（耶2：22）由外而内的洁净不能解决人心问题。

由内而外的洁净

《马可福音》与其他三部福音书有一个不同点。马可在他的福音书中几乎不做编辑性的评论或解释。不过，他一旦加上评论性解释，那一定是极为重要的。在这个故事中，马可就有这样一个评论："他这样说是表示各样食物都是洁净的。"

但是，这句话不能读成"耶稣说，所有的食物都是洁净的"。如果是这样的话，那么经文的意思可能会变成"耶稣说，你们不要为这些食物有太多的担心，每样食物都是好的，尽量享用吧"。耶稣或许是在说，洁净律已经过时，让我们超越这些律法，并且他会就这一问题给我们一些权威性的教导。

但是，事实并非如此。经文说，"耶稣宣告"，是指耶稣宣布所有食物都是洁净的。研究这节经文的希腊文专家都同意：耶稣是在说，**我现在使这些食物洁净**。我叫世界从无成为有，我叫风暴平息，我叫那小女孩从死里复活。现在，我叫所有食物洁净。要理解这句话的力度，你必须记住，耶稣对神的话语极为敬重。他认为神的话语具有约束力，即使对他自己也是如此。《马太福音》中记载他说神的话一点一画——就是说，每个字母——都不会废去，而是要全部成就。[8] 现在，洁净律是神话语的一部分。耶稣绝对不会对其中任何一部分说，"我要废除这部分律法；我们已经超越这部分律法了。"因此，他在这里所说的是，**洁净律已经成全了**——这律法的目的是使你走向属灵的洁净，如今这一目的已经成全了。你不必像过去那样随从这些律法，是因为它们已经被成全了。基督的话简直不可思议!

那么他又是如何成全律法的呢?

我的好友迪拉德(Ray Dillard)是威斯敏斯特神学院的旧约教授。多年前,我和我太太凯西一起听他讲道。那是他过世前我们最后一次听他讲道,讲的是《撒迦利亚书》3章。整个讲道过程中,他都含着眼泪。《撒迦利亚书》是旧约中的一卷先知书。3章的开篇记载,先知在异象中被带入圣殿。他说:"耶和华又使我看见大祭司约书亚站在耶和华的使者面前。"

圣殿由外院、内院和至圣所三层构成。至圣所由厚厚的帷幔完全围绕遮盖,里面有约柜,约柜上面是施恩座,神的荣耀、神的同在、神的荣光彰显在施恩座上。那是一个极度危险的地方。在《利未记》16章,神说:"如果你靠近施恩座,要多燃香,让空气中弥漫烟香气,因为我要在施恩座上的烟云中显现,我不要你死亡。"每年只有一个人,在特定的日子,才能进入至圣所。那就是以色列人的大祭司,他在每年赎罪日那一天,才可以进入。撒迦利亚就是在圣殿中,在至圣所里,看到了异象,看到大祭司约书亚在赎罪日站在主面前。

迪拉德对旧约有着精深的研究,他在讲道中详细地讲述了赎罪日所要进行的大量准备工作。赎罪日前一周,大祭司需要安静独处——离开家庭,去一个避静之地,绝对不被人打搅。为什么?因为他绝不能疏忽大意触及或吃到不洁之物。洁净的食物要送到他面前,他要沐浴更衣,预备身心。赎罪日前夜,他要通宵警醒祷告,阅读神的话语,洁净己心,不可上床睡觉。赎罪日当天,他要从头到脚全身洁净,穿上干净洁白的细麻衣。然后进入至圣所,以动物为祭献给神,先为自己赎罪,或为自己的罪付上刑罚。此后,他走出至圣所,再次沐浴,彻底洁净,穿上另一件全新、洁白的细麻衣,再次进入至圣所。这次是为祭司们献赎罪祭。到这里,还没有结束。他还要从至圣所出来,第三次从头到脚沐浴,第三次穿上全新、洁白的细麻衣。第三次进入至圣所,是为所有百姓献赎罪祭。

你知道吗?这一切都是在众人面前举行的。圣殿人山人海,那里的每个人都全神贯注,看着眼前所发生的一切。那里有一扇窄窄的屏风,大祭司就在屏风后面沐浴。他们都簇拥在那里,看他沐浴,看他更衣,看他进入至圣所,看他从至圣所出来。他是他们在神面前的代表,而他们在那里为他欢呼。众人关注的是确保每件事做得精当得体,毫无瑕疵,因为他是在神面前代表众人。当大祭司进到神面前,他身上不能有一丝一毫污点,必须全然洁净。只有认识到这一切,你才会明白为什么《撒迦利亚书》3章下面的经文是如此令人震惊:撒迦利亚看到大祭司约书亚在至圣所中站在神面前——但是,约书亚的衣服沾满污秽,龌龊不堪。撒迦利亚简直不敢相信自己的眼睛。迪拉德指出,解释这段经文的关键性问题在于:这样的事怎么可能发生？以色列人绝对不允许他们的大祭司如此污秽地站在神面前。迪拉德的回答是：神把一个预言性异象赐给撒迦利亚，让他看到我们众人在神眼中的光景。尽管我们竭力追求洁净，行为良善，遵守道德，不断让自己洁白纯净，但神看到的是我们的心——充满了肮脏的秽物。

我们所有的道德善行并不能真正进入内心。撒迦利亚突然认识到，无论如何修身养性，竭力行善，我们都不配进入神的同在。正当他濒临绝望之际，他听到："我已经除去了你的罪孽，要给你穿上华美的礼服……大祭司约书亚啊！你和坐在你面前的众同伴都要听，我必使我的仆人，就是大卫的苗裔出生。……在一日之内，我要除去这地的罪孽。"（亚3：4，8）撒迦利亚可能难以相信自己的耳朵。他一定想，"唉，多年来，我们一直献祭，遵行洁净律，竟然从没有洗净我们的罪污，脱离罪孽！"但神对他说："撒迦利亚，这是一个预言。当日子来临时，献动物为祭就要成为过去，一切洁净律都要成全。"

这怎么可能呢？迪拉德以此结束他的证道：几个世纪之后，另一个约书亚出现了。耶稣、耶书亚、约书亚，这是同一个名字在亚兰文、希腊文和希伯来文中的不同写法。另一个约书亚出现了，展现了他自己的赎罪日。在他赎罪日前一周，耶稣开始预备。赎罪日前夜，他彻夜不眠——但是，发生在耶稣身上的恰恰与发生在大祭司约书亚身上的相反。众人没有为耶稣欢呼，他所爱的那些人出卖他，抛弃他，或拒绝承认他。当他站在神面前时，没有得到鼓励的话语，而是被天父抛弃；没有披上华服，而是仅有的外衣被剥夺。他受鞭打，赤裸着被钉在十字架上。迪拉德告诉我们，耶稣也沐浴了——在人们向他所吐的唾沫之中。

这一切是为了什么？"神使那无罪的替我们成为有罪的，使我们在他里面成为神的义。"（林后5：21）神以我们的罪为衣给耶稣穿上，是他承担了我们的罪愆和刑罚，因此我们能像大祭司约书亚一样得到《启示录》19：7-8的应允："我们要欢喜快乐……并且有光洁的细麻衣，赐给她穿上。"洁白的细麻衣——完全洁净，没有污垢，没有瑕疵。《希伯来书》13章说，耶稣是在城门外焚烧尸体的地方被钉十字架——那是垃圾堆放地，是全然不洁之地——好让我们成为洁净。通过耶稣基督以无限的代价献上自己为祭，神给我们穿上昂贵、洁净的细麻衣。那是基督以他的宝血所付的代价，而这也是唯一能够解决我们内心问题的方法。

过去的失败仍让你内疚，让你不得释然吗？弥补那种失败的企图一直在消耗你的生命吗？或者，你更像卡夫卡一样，没有特别的宗教信仰，也没有什么不道德的行为，但是对自己生命的微不足道感，就是挥之不去。你要通过宗教、政治或对美的寻求，甚至通过参与基督教事工来解决这种纠结吗？由外而内地做、做、做。**这种做法行不通。**

把你致命的"折腾"放下——
放在耶稣脚前；
站在他面前，唯独在他面前，
变得荣耀、完全。[9]

第8章
靠近

　　如何靠近神？如何与他连接？大多数人可以想到两种途径。一是古代人对神的理解：神犹如嗜血暴君。即使不是公开献祭，也要不断有好的行为，才能平息神的暴怒。二是现代人对神的理解：神是一种灵性力量，我们随时可以靠近他，无所顾忌。但是，马可所讲的故事，让我们看到，靠近神可能与我们想象的完全不是一回事：

　　耶稣从那里动身到推罗境内去。进了一所房子，本来不想让人知道，却隐藏不住。有一个女人，她的小女儿被污灵附着，她听见了耶稣的事，就来俯伏在他脚前。这女人是外族人，属于叙利亚的腓尼基族。她求耶稣把鬼从她女儿身上赶出去。（可7：24－26）

故事以神秘的叙述开始：耶稣往推罗西顿境内去，却不愿意让人知道。到底是怎么回事？耶稣一直在犹太境内开展事工，吸引了许许多多的人跟随，他感到累了。因此，他离开犹太境内，进入推罗外邦人地域，希望能稍事休息。

　　但是，他没能如愿以偿。一个妇人听到耶稣来了，勇敢地来到他面前。她属于叙利亚腓尼基族。由于推罗靠近犹大地，她应该了解犹太人的习俗，知道自己在宗教、道德和文化上都没有资格接近一位犹太拉比——她是腓尼基人，一个外邦人，异教徒，又是女人，而她的女儿还被污鬼附着。根据当时的标准，她知道自己也是不洁净的。因此，她原本没有资格靠近任何虔诚的犹太人，更不要说靠近一位犹太拉比了。但是，她全然不顾这些。她不经邀请就进入那家，俯伏在耶稣脚前，请求耶稣赶出她女儿身上的污鬼。这里的动词**求**在希腊文中是现在进行时态，意味着她**不断地恳求**，没有人也没有任何事能阻止她恳求。《马太福音》15 章有着类似的记载，那里门徒要求耶稣把这个妇人赶走。但是，她还是不住地恳求耶稣——她非要得到回应不可。

　　你知道她为什么有如此的勇气和胆量？这世上有懦夫，有普通人，有英雄，还有为父为母的人。父母不应当被列在从懦夫到英雄的谱系上，因为一旦你的孩子有危险，你就会不顾一切去救她。不管你是一个胆小怕事的人，还是一个厚颜无耻的人——你的个性与此无关。你不会左思右想，瞻前顾后，你会奋不顾身，倾力相救。因此，这位走投无路的母亲，愿意越过一切障碍恳求耶稣，这并没有什么可奇怪的。

当她俯伏在地恳求耶稣时，耶稣是怎么回应这位妇人的？故事接着说：

> 这女人是外族人，属于叙利亚的腓尼基族。她求耶稣把鬼从她女儿身上赶出去。耶稣对她说："应该先让儿女吃饱。拿儿女的饼去丢给小狗吃是不好的。"（可7：26－27）

从表面看，这似乎是一种侮辱。在现代社会中，人们宠爱动物，但是在新约时代，大多数的狗都是流浪在外的野狗——狂野、肮脏、不驯。当时的社会**并不爱狗**，称一个人为狗是极大的侮辱。在耶稣时代，犹太人称外邦人为狗，因为他们"不洁净"。那么，耶稣对她说的话是一种侮辱吗？不是。那是一个比喻。比喻意味着"类似"或"像……一样"。理解这个比喻的关键，是耶稣在这里使用的"狗"字。他使用的字不是指一般意义上的狗，而是"狗"的爱称，实际上是指"小狗"。要记得，这妇人是一位母亲。耶稣是在对她说："你知道每个家庭是怎么吃饭的：孩子们先在桌边吃，然后才轮到他们的宠物吃。颠倒那次序是不对的。孩子们还没有吃之前，宠物不能从桌上吃。"如果读《马太福音》对这件事的记载，我们可以看到马太提供了一个更长的版本，让我们更清楚耶稣的意思，"我受差派只往以色列迷失的羊那里去"。耶稣的事工集中在以色列人身上，是有许多原因的。他被派往以色列人那里去，是让他们看到，圣经中所有的应许，包括有关先知、祭司和君王的应许，都在他身上成全了，有关圣殿的应许，也在他身上成全了。他复活之后，立刻对门徒说，"去到万国万民中去"。因此，这里他讲出的话不是一种侮辱。他实质上是在对这位叙利亚腓尼基妇人说，"请你理解，这里有一个次序。我先到以色列人那里去，然后临到外邦人（万国万民）。"但是，这位母亲对耶稣的回应着实惊人：

　　那女人回答他："主啊，是的，不过小狗在桌子底下，也可以吃孩子们掉下来的碎渣。"耶稣对她说："就凭这句话，你回去吧，鬼已经从你女儿身上出去了。"她回到家里，看见小孩子躺在床上，鬼已经出去了。（可7：28－30）

　　换句话说，她的回应是，主啊，不错，但是小狗也吃从那桌子上掉下来的碎渣啊，所以现在就让我吃我的那份吧。耶稣给她讲的比喻，同时向她发出挑战和提供赐予。她听懂了，她得到了。对于挑战，她的回应是："好，我明白。我不是以色列人，也没有敬拜以色列人所敬拜的神。因此，这张桌子上没有我的份。我接受这事实。"

这难道不令人吃惊吗？她竟然不生气，也没有起来捍卫她的权利。她说："是的，这张桌子上没有我的位子。但是，这张桌子供应世界上所有的人都绰绰有余。现在你就给我吃我的那份吧。"她以最为敬重的方式与耶稣摔跤，不得着所恳求的绝不放弃。我喜欢这位妇人在这里所说所做的。

在西方文化中，我们找不到这类执着、不放弃的恳请。我们抓住不放的是我们的权利。若不是为了权利和尊严、为了我们的好处起来抗争，说"这是我当得的"，我们就不知道如何执着坚持。但是，这位妇人所做的根本不是这类事。她的执着坚持与自我权利无关，我们对此也知之甚少。她是在说："主啊，我不是对你说，'因为我的善行，把我配得的给我吧。'而是说，'主啊，因为**你的**良善，把我**不配**得的给我吧——而且我现在就需要它。'"

接受挑战

这妇人理解挑战，并且接受挑战以及挑战中所包含的赐予。你看到其中异乎寻常的东西了吗？

耶稣对她的回答，是犹太拉比式的风格。有一个较好的翻译是"如此的回答"，还有些翻译是这样说的："回答得太好了，真是令人难以置信。"她的恳求得到应允，她的女儿得到医治。圣经学者詹姆斯·爱德华兹（James Edwards）在研究《马可福音》这一段时有非常精彩的评论：

她似乎比以色列人更懂得弥赛亚来此的目的。她的勇气与坚持，见证了她相信耶稣所拥有的充足和丰富。耶稣为门徒和以色列人所预备的是如此富足，也足够供应像她这样有需要的人……何等的讽刺！耶稣竭力教导他所拣选的门徒，但他们就是迟钝不解。耶稣甚至不想与一个走进来的异教妇人说话——但是只一句话，她就明白了他的使命，并接受了他明确的嘉许……这怎么可能呢？答案是，在《马可福音》中，这个妇人是第一位听见并且明白耶稣比喻的人……她是从这比喻"里面"回应耶稣，就是说，她是根据耶稣对她所说的回应耶稣。这说明她在《马可福音》中是第一位听到耶稣如此对她说话的人。[1]

同样，这一段中妇人如此与基督相遇，也让马丁·路德惊讶感动，因为他在其中看到了福音。这妇人也看到了福音——亦即你要比你能够想象的更加败坏；与此同时，神要比你敢于想象的更加爱你、接纳你。一方面，她不矜持骄傲，知道自己不配，接受福音对她的诊断。她接受耶稣对她的挑战。她没有扭过身，背对着耶稣说："你怎么敢给我贴上种族标签？我无法忍受，我没有必要忍受这些！"你有没有听到你自己内心在这样说？另一方面，这妇人没有因此灰心，拒绝耶稣的赐予而侮辱神。在此我们看到，有两种情结，让你拒绝耶稣作你的救主。一种是太骄傲，有一种优越感——不能接受耶稣的挑战；另一种是自卑——太围于自我，以至于对自己说："我太糟糕了，神不会爱我。"这是拒绝耶稣赐予的恩典。传道人约翰·牛顿（John Newton）曾经写信给一个极为沮丧郁闷的人。留意他说了什么：

你说罪咎感和不配感让你不堪重负？哦，你对自己内在罪恶的确知道得不少。这些罪可能捆绑你，影响你。你说你难以理解，圣洁的神如何能接纳像你这样不堪的人？你把自己看得很低，这是对的；但是，你把救赎主的位格、作为和应许也看得很低，这就错了。你抱怨罪在缠绕你，但是，我听到你的抱怨中充满了自义、不信、骄傲和不耐烦。这些比你所抱怨的那些最坏的邪恶也好不到哪里。[2]

拒绝神的爱，就是拒绝寻求他，拒绝寻求他的怜悯，也不愿接受他的怜悯，以他的怜悯为满足，这样做如同是在对自己说："我足够好了，我不需要这怜悯。"

克兰麦在《公祷书》首章为圣餐所写的祷文，是英语世界中最好的祷文之一。祷文正是依据《马可福音》记载的这一故事写成的。数世纪以来，成千上万圣徒以此来祷告：

施恩的主啊，我们来到你的桌旁，不是因为相信我们自己的义行，而是相信你厚重无比的慈悯。我们不配，就是在你的桌底下捡碎渣，也是不配。但是，你是有怜悯的主，你的恩慈从不改变。

每当有人用这样的祷文祷告时，克兰麦是在邀请他站在那妇人的处境中，勇敢地来到耶稣面前，不是带着争取权利的矜持，而是带着谦卑领受的心，接受神无尽恩慈怜悯的挑战和赐予。

接受礼物

这位叙利亚腓尼基妇人主动而勇敢地靠近耶稣。她知道她所需要的，知道她定意寻求的。相比之下，有时我们来到耶稣面前的方式却截然不同。有时我们与耶稣的首次相遇几乎纯属偶然。无论如何，耶稣知道我们，并给予我们所需要的。当耶稣离开推罗，马可是这样记载的：

耶稣从推罗境内出去，经过西顿，回到低加波利地区的加利利海。有人带着一个又聋又哑的人到他那里，求耶稣按手在他身上。耶稣把他从人群中带到一边，用指头探他的耳朵，吐唾沫抹他的舌头，然后望着天，长长地叹了一口气，对他说："以法大！"意思是"开了吧"。那人的耳朵就开了，舌头也松了，说话也准确了。耶稣嘱咐他们不要告诉人。但他越是嘱咐，他们却越发传扬。众人非常惊讶说："他所作的一切事都好极了；他竟然使聋子听见，又使哑巴说话。"（可7：31-37）

耶稣在这个耳聋舌结的人身上所做的工是一系列的。他领他离开众人，用指头探他的耳朵，吐唾沫抹他的舌头，他抬头望天，叹息说："开了吧！"你或许会说："哦，耶稣是在做行神迹的仪式。"其实不是。要记得，从平静风浪，到让叶鲁女儿从死里复活，到医治叙利亚腓尼基妇人的女儿，我们都看到，耶稣并没有挥舞手臂，念诵咒语，或说一些莫名其妙的话。很显然，耶稣并不需要行一套仪式，才能行使他的能力。也就是说，耶稣这一系列动作，不是他需要做的，而是被医治的人有这个需要。

对那个请求医治她女儿的妇人，耶稣的反应是神秘费解的，甚至有点艰涩难懂。对于这个耳聋舌结的人，耶稣的反应犹如融化在你嘴里的甜蜜。《约翰福音》11章记载，拉撒路死了之后，耶稣来看望他的姐姐马大和马利亚。马大说："主啊，如果你早在这里，我的兄弟就不会死了。"耶稣责备她。然后马利亚来了，对他说："主啊，如果你早在这里，我的兄弟就不会死了。"耶稣却与她同哭。同样的话语，绝不意味着有同样的回应。为什么？因为耶稣给予你的总是你所需要的。他比你更清楚你需要的是什么。他是奇妙的策士。

耶稣深深地与这个人认同。他用手探探他的耳朵和舌头——这是手语。耶稣是在说："让我们看看这里；不要惧怕，我要医治它；现在让我们仰望神。"他进入那个人的认知世界，使用他能理解的语言——非口头语言。注意，耶稣领他离开人群。为什么他要这样做？难道他不希望人人都能看见？我们想象一下这个人的成长过程。他一直是人们眼中的一个戏景。因为耳聋，他无法正常说话。想一想人们是如何拿他取笑的。耶稣知道这一点，因此他不要让他再成为一个戏景。他在情感上深深与他认同。

但是，还有更深层的认同，因为有一刻耶稣**深深地**叹息。更好的翻译或许是"他呻吟"。呻吟是痛苦的表达。为什么耶稣觉得痛苦？可能是因为他在情感上与这个人以及他被疏离和孤立感同身受。这样理解可能有道理，但是他马上就要医好他了，他很快就没有这些问题了。为什么耶稣还要痛苦呻吟？为什么他不笑着对这个人说，"看看我会为你做什么"？其实，这里有更为深层的认同。耶稣医治他是有代价的。马可有意用"耳聋舌结"这样的词来提醒这一点。这里使用的是希腊词 moglilalos，这个词只在《以赛亚书》35：5 出现过一次。这是一个罕见的词。除非马可有意让我们把这里所发生的事与《以赛亚书》35 章联系起来，否则他没有理由使用这个词。先知以赛亚在论及弥赛亚的时候用过这个词："你们要刚强，不要惧怕。看哪，你们的神……来施行报应……来拯救你们。那时，瞎子的眼必打开，聋子的耳必畅通。那时，瘸子必像鹿一般跳跃，哑巴的舌头必大声欢呼。"（赛35：4-6）马可是在说：你看到瞎子的眼睛开了吗？你看到聋子听见、哑巴的舌头能欢呼歌唱了吗？正如《以赛亚书》35 章所应许的，神已经来临，他要拯救你。耶稣基督的来临就是神来临拯救我们。耶稣是大君王。

还有些事马可希望他的读者仔细思想。先知以赛亚说，弥赛亚将要来临，他"来施行报应"，拯救我们。但是，耶稣并没有亮出刀剑，大施审判；他没有追逐权力，而是舍弃权能；他不是辖制世界，而是服事世界。那神的报应在哪里呢？答案是，他来到这个世界，不是为了**带来**神的报应，而是要替我们**承担**神的报应。他在十字架上完全与我们认同。在十字架上，神之子被抛弃，被放逐，远离那桌子，甚至连桌子上掉下来的碎渣都没有。由此，原不是神儿女的我们，如今却可以成为神的后嗣，且被带到神的桌旁，享受神永恒的盛筵。

耶稣如此与我们认同，如今我们知道了自己为何可以靠近他。人子成为"狗"，好叫我们这些如同"狗"一样的人，可以被领到他的桌旁；他为我们成为哑巴，好叫我们的舌头得以解开，称他为大君王。因此，不要自我囚禁和悲观绝望，好像耶稣无法医治你；不要狂妄骄傲，拒绝接受福音对你的诊断——你是不配的；不要沮丧郁闷，拒绝相信福音告诉你的——你是何等蒙爱的人。

第9章
转变

　　《马可福音》8章是极为关键的一章，是第一幕的高潮。门徒们终于开始认识到他们一直跟随的那位真正的身份。耶稣在这一章讲到两件事：**我是君王，但却是要上十字架的那位君王；如果你们要跟从我，你们就必须走十字架的道路**。这是马可告诉我们的故事：

　　耶稣和门徒出去，要到该撒利亚腓立比附近的村庄。在路上他问门徒说："人说我是谁？"他们回答："有人说是施洗的约翰；有人说是以利亚；还有人说是先知里的一位。"他又问他们说："那么你们呢？你们说我是谁？"彼得回答："你就是基督。"耶稣郑重地嘱咐他们，不要把他的事告诉人。（可8：27－30）

这里彼得开始抓住了这个大问题："耶稣是谁?"他对耶稣说："你是基督。"彼得使用的这个词的字面意思是"受膏者"。传统上，君王需要被油膏抹，类似加冕。但是，"基督"（*Christos*）这个词渐渐意指特定的**那位**受膏者，即弥赛亚，那位终结所有君王的君王，他要匡正一切。彼得对耶稣说：**你是弥赛亚**。耶稣接受这一称号，但是他立刻转向，开始讲说令门徒极为震惊的事。耶稣说："是的，我是那大君王，但我不是你们所期待和想象的那种君王。"

于是他教导他们，人子必须受许多苦，被长老、祭司长和经学家弃绝、杀害，三天后复活。耶稣坦白地说了这话，彼得就把他拉到一边，责怪他。（可 8：31-32）

这里耶稣首次发出重要宣告："人子必须受许多苦"。当我们听到耶稣称自己为**人子**时，我们以为他是说，他只是一个人。其实，"人子"这一称号承载着更多的意义。但以理的预言说到"有一位像人子的"（但 7：13-14），他是一位具有神性的弥赛亚式人物。他要与众天使一同来临，匡正一切。

可是，耶稣说，人子"**必须受苦**……"。在这之前，以色列历史中没有任何人会把苦难和弥赛亚连在一起。旧约不少预言（比如《以赛亚书》43、44和53章）的确说到耶和华神的一位神秘的仆人要受苦。但是，在耶稣之前绝对没有任何人把这样的经文与弥赛亚盼望联系起来。弥赛亚受苦的观念太荒唐了，因为弥赛亚来临是要挫败邪恶和不义，匡正世界的一切。弥赛亚怎么可能通过受难和死亡来战胜邪恶？那听起来太离谱了，绝对不可能。

耶稣使用**必须**一词，也是要说明，走向死亡是他的计划——他走向死亡是自愿的。他不仅仅是预言这事将要发生。也许这才是让彼得最受不了的。如果耶稣说，"我要奋勇争战，我将被打败"，这至少是可以理解的。但是，耶稣说，"这是我来到世界的原因；我就是为死来的"，这又是另一回事。对彼得来说，这完全不可理喻。

所以，耶稣一说完这话，彼得就开始"责怪"他。"责怪"这个动词也在耶稣赶逐魔鬼的经文中用到过。这意味着，彼得以最严厉的语言指责耶稣。彼得先是承认耶稣是弥赛亚，然后一百八十度大转弯严厉地指责耶稣。是什么让他转变如此之快？自从孩童时起他就被教导相信，弥赛亚来临是要设立他的宝座，铲除一切邪恶和不义。但是，耶稣却在这里说："是的，我是弥赛亚，是君王，可是，我来不是为了生，而是为了死；不是要掌权，而是要失权；不是要统治，而是要服事。这是我铲除罪恶、匡正万有的方法。"

耶稣不只是说，人子将要受难。他乃是说，人子**必须**

受苦。"必须"一词太重要了，在这里用过两次："人子必须受许多苦……（必须）被……杀害"。"必须"修饰整个句子。换句话说，这里列出的每项都是必须的。耶稣必须受苦，必须被拒绝，必须被杀，必须复活。在整个世界故事中，这是最重要的两个字，也是最恐怖的两个字。耶稣所说的，不仅仅是"我来是为了死"，而是"我**必须**去死。我去死，是绝对必要的。如果我不去死，世界就不可能被更新，你的生命也不可能被更新"。那么，耶稣的死为什么绝对必要呢？

对个人的必要性

几年前，圣公会神学家范斯通（William Vanstone）写过一本书，现在已经断版。书中有一章很有趣，叫"爱的现象学"。[1] 他认为所有的人——甚至那些从童年起就被剥夺了爱的人——都知道如何分辨真爱和假爱，伪装的爱和真诚的爱。

对范斯通来说，以下是它们的不同之处。在假爱中，你的目的是利用他人成就自己的快乐。你的爱是有条件的：只要对方肯定你的需要，满足你的需要，你就给予爱。假爱是不受伤害的：若有必要，你会收回你的爱，以减少损失。但是，在真爱中，你的爱是为了他人快乐，消耗自己，牺牲自己，因为对方的喜乐就是你最大的喜乐。

因此，你的爱是无条件的：不管你所爱的人是不是满足你的需要，你都会给予爱。真爱绝对是容易受伤的爱：你损耗一切，没有保留，全部给出。范斯通随后说，我们真正的问题在于，没有人能够完全地给予真爱。我们都拼命想要得到这种爱，却不能给予这种爱。他当然不是说，无论什么样的爱我们都不能给予。他的意思是说，没有人有能力给予这种真爱。每个人的爱在某种意义上都是虚假的爱。怎么能这样说呢？因为我们都需要被爱，如同需要空气和雨水一样。没有爱，我们就不能活。这意味着，在我们的各种关系中，掺杂着某种唯利是图的东西。我们要寻找的人，是他的爱能真正合乎我们需要的人。我们知道何处有好的回报，就在何处投资我们的爱。诚然，当我们这样去爱的时候，我们的爱是有条件的，是想不受伤害的，因为我们爱对方，不只是为他本身的缘故；我们爱一个人，至少部分原因是为要得到我们需要的爱。

很显然，人有健康与不健康之分；同理，有些人比其他人可能更有爱心一些。但是，范斯通的核心观点是对的：没有人能给予他人所渴望的那种爱或那么多的爱。归根结底，我们都一样，渴望真爱，却又没有能力完全给予真爱。我们所寻求的，是某个人能爱我们，却不需要我们无条件地去爱他；我们需要某个人疯狂地爱我们，无条件地爱我们，毫无保留地爱我们；我们需要某个人仅仅为我们自身的缘故而爱我们。若能领受到这样的爱，我们就确切知道自己是有价值的，就会心满意足。或许这种爱会感染我们，我们也能如此付出爱。但是，谁能如此无条件地爱人呢？只有耶稣。为什么？请想一想三位一体神的舞蹈——圣父、圣子和圣灵在永恒里彼此完全相知相爱。神本体内拥有完全充足的爱，拥有一切的丰盛和喜乐。他毫无缺乏。在他里面有着全人类所渴望的爱。他是我们获得真爱的唯一源头。我们教会中有一位年轻姊妹给他朋友写过这么一段话：

> 取悦他人一直是我生命中的大问题。我需要他人的赞同，他人的喜欢、欣赏、接纳。但是，我第一次发现与基督认同是何等重要——他的爱让我在与他人的关系中找到前所未有的情感界限。这爱让我能按照我朋友和家人的本相爱他们，而不是从他们那里得到更多，因为我所缺乏的在基督里都能找到。在基督里，我最终能自由地爱人，知道自己在基督里已经被接纳、被保护，也知道适当地保护自己或是坚持自己的立场其实是好的。这一切对我是一种极大的释放。

你是否看到，她对耶稣之爱的确据如何使她**需要**得更少，而爱得更多？真爱，也就是没有需要的爱，是有生命力的；只有这种爱所到之处才能生发更多的爱。

既然神不需要我们，他为什么要创造我们，之后又付上极大代价救赎我们？神这样做是因为他爱我们。他的爱是完全的爱，是彻底、毫无保留的爱。当你开始得到、经历这种爱时，你自己原本那种虚假和操控的爱就渐渐消退了。你越来越有耐心，越来越有内在的安全感，你能渐渐走出自己，把更为真实的爱给予他人。

法理上的必要性

我们不仅在个人生命层面需要耶稣的牺牲救赎，在法律意义上我们也需要他的救赎。这样说是什么意思呢？当一个人得罪了你，那个人就是欠了你的债，需要偿还。这在经济领域时常发生。如果你的朋友不小心打碎你家里的一盏灯，怎么办？可能有两种解决办法。要么让他赔偿——"那灯值一百元，请赔偿"；要么你可以说，"我原谅你，没关系"。如果你选择后一种情形，那么再买一盏灯的一百元从哪里来？要么你自己出，要么你就损失了价值一百元的灯，以后学着去适应黑漆漆的房间。所以，朋友打碎了灯，你只有两种解决办法。要么你朋友赔偿损失，要么你自己承担损失。这道理也不仅仅适用于经济领域。当有人抢走了你的机会，剥夺了你的幸福，损害了你的名声，或夺走了某种你永远无法追回的东西，某种形式的债务就产生了。正义受到干犯——这个人就欠了你的债。一旦你感受到那种债务的存在，你还是只有两种解决办法。

你可以设法让那个人赔偿：你可以破坏**他们的**机会，毁坏**他们的**名声；你可以希望对方遭报受苦，或想办法教训一下对方。但是，这里有个很大的问题。就是当你要对方赔偿，让对方因为干犯你而吃苦头时，你就变得跟他一样。你的心越来越硬，越来越冷，越来越像那干犯你的人。在这种情形中，邪恶得胜了。可是，不这样做，还有别的办法吗？唯一的选择是赦免。不过，真正的赦免绝非易事。心怀报复意念，试图采取报复行动，但是心里又想赦免，拒绝报复——这种内在挣扎是很痛苦的。当你不去报复，当你想要去饶恕，这过程真的苦不堪言。为什么会这样？因为你若不要他人受苦遭报，你就必须自己承担赔偿的代价。你没有借着通过毁坏他人名声来为自己赢回声誉。你在赦免他们，承担他们欠你的债。这就是赦免。真正的赦免总是包含着痛苦。

可见，别人干犯你而欠下的债务并没有消失：要么他人偿还，要么你自己付上代价。具有讽刺意味的是，只有你付出赦免所需的代价，只有你承担了债务，才有可能匡正错误。如果你心怀报复，以牙还牙，你的对手绝不会听你理论。他们觉得，你不是在寻求公正，而是在寻求报复，你说出的一切都会遭到拒绝。你如此行，只会造成怨怨相报。只有放弃报复，自己付上赦免的代价，才有机会让你的对手聆听你的倾诉，看到他们自己的错误。即使一开始他们听不进你的声音，但是，你的赦免打破了仇恨报复的怪圈。如果我们知道赦免必然伴随痛苦，知道匡正错误的唯一指望在于自己承担受苦的代价，那么当神说，"我赦免人罪过的唯一途径是受苦——要么你为自己的罪付上代价，要么由我来付"，我们就不会觉得奇怪了。罪总是伴随着刑罚。除非有人承担罪罚，否则罪债难还。

十字架是神赦免人的罪、救人脱离罪罚的唯一道路。在十字架上，他亲身担当了我们罪的刑罚。耶稣说，"我**必须**受苦"。

对整个宇宙的必要性

耶稣**必须**死。但是，他不可以跳崖而死吗？不可以等到寿终正寝吗？不可以。

耶稣必须承受暴虐而死。《希伯来书》作者说："如果没有流血，就没有赦免。"（来9：22）这不是说，血本身有什么魔力。在圣经中，血这个字是指一种在其自然终结之前所给出的或被夺走的生命。献上自己的生命或让自己的生命被夺走，是在这个世界上所能给予的最贵重的礼物或所能付出的最高代价。[2] 只有通过献上自己的生命，耶稣才能为我们的罪债付上最大可能的代价。然而，耶稣的死不仅仅是为我们偿还罪债，也是一种公开的展示。学者詹姆斯·爱德华兹写道：

耶稣受难的预言，隐含着一个极大的讽刺，因为不像我们所预期的那样——即人子会在一帮不虔不义、邪恶无耻的人手上受难和死亡……相反，他是在"长老、大祭司和经学家"手上受难……他不是被一群狂怒暴徒，在一次犯罪行为中滥用私刑或殴打致死的。他将要被官方逮捕，并且根据世界所推崇的法理——犹太公会和罗马法典——予以审讯和处决。[3]

犹太大祭司、经学家以及罗马统治者本来应当伸张公义，但他们却密谋合作，扭曲公义，判处耶稣死刑。耶稣的十字架让这世界腐败堕落的诸多体系暴露在光天化日之下，它们服务的不是公义和真理，而是强权和压制。世界定耶稣的罪，其实是在定自己的罪。耶稣的死不仅揭示了世界道德体系的破产，也显明了神以及神国度的品质。耶稣的死不是失败。他承担罪罚，顺服至死，打破了世界对他以及对我们的辖制。[4]

耶稣走上十字架，为我们而死；他失丧生命，为我们带来救赎。在十字架上，他没有按照世界的价值观对待世界，他带来的是赦免。他来到世界，没有"以毒攻毒"，没有招兵买马，组成军团，推翻当时的腐败政体。他没有取得权力，而是放弃权力——他得胜了。基督的十字架揭示了世界滥用权力和崇拜权力的本质，挫败了世界的权势，打破了世界价值体系的魔咒。

这世界种种腐败的权势，有许多令人恐惧生畏的帮凶，其中最恐怖的就是死亡。当你知道一种国家权力或某种权势能杀死你、除灭你，你会很恐惧，他们就利用你的恐惧辖制你、宰割你。但是，耶稣死了，又复活了。耶稣胜过了死亡。如果你能靠近耶稣，跟从耶稣，那么，那可能临到你身上的最坏的事——即死亡——也成了最好的事。**宝贝，该起床了!** 死后你会投入上帝的怀抱，成为你在世时一直盼望成为的样式。当死亡因耶稣在十字架上的作为而失去它的毒钩，它的权势不能再辖制你时，你就不再活在恐惧中，而是活在爱的生命中。

不一样的君王

耶稣说："我是君王，但不是你们想象中那样的君王。我是必须死的君王。"然而，他没有停留在此。马可继续描述：

于是把众人和门徒都叫过来，对他们说："如果有人愿意跟从我，就应当舍己，背起他的十字架来跟从我。凡是想救自己生命的，必丧掉生命；但为我和福音牺牲生命的，必救了生命。人就是赚得全世界，却赔上自己的生命，有什么好处呢? 人还能用什么换回自己的生命呢? 在淫乱罪恶的世代，凡把我和我的道当作可耻的，人子在他父的荣耀里，和圣天使一起降临的时候，也必把他当作可耻的。"耶稣又对他们说："我实在告诉你们，站在这里的，有人在没有尝过死味以前，必定看见神的国带着能力降临。"（可8：34-9：1）

耶稣是在说："我是一位钉在十字架上的君王。如果你要跟从我，**你**必须背起你的十字架。"背起我们的十字架是什么意思呢？"为我和福音牺牲生命的，必救了生命"，究竟意味着什么？

马可在此有意选用希腊文 *psyche* 来指"生命"（英文中的 psychology［心理学］由之衍生），它代表你的身份，你的个性，你的自我——让你与众不同的东西。耶稣不是说："我要你失去自己作为个体的那种意识。"这是东方宗教的教导。如果耶稣真是这个意思，他会说："你必须失去你自己，失去你的自我。"事实上，耶稣是在说："不要把你的身份建立在汲汲营营于这个世界上面。"他实际上是这样说的："人就是赚得全世界，却赔上自己的生命，有什么好处呢？"

每一种文化都指向某些特定的事物并且认为，"如果你得着这些，如果你获得这样的成就，你就是有价值的，也知道自己是谁。"传统文化告诉你，如果你不能光宗耀祖，造福子孙，那么你就一文不值，一无所是。在个人主义文化盛行的时代，情形则不同。它告诉你，如果你没有一份好工作、好事业，没有金钱、名声和地位，那么你就一文不值，一无所是。尽管这两者之间有明显的不同，但是每种文化都认为，你的业绩决定了你的身份，你的成就决定了你的价值。

然而，耶稣说，那种价值追求根本行不通。即使你赚得全世界，你仍然觉得不够大，不够光彩，不足以遮掩自我无足轻重感在心灵上烙下的伤痕。无论你赚取多少，都不足以让你确切地知道自己是谁。如果把自我身份建立在"某人爱我"上面，或建立在"我有一份好的职业"上面，当那种爱的关系或工作出了问题时，你就崩溃了。你会感到失去自我。

至此你是否开始看到耶稣是何等激进？这里的问题不是说："我一直过一种失败的生活，我有道德上的问题，因此我要去教会，我要成为有教养的、体面的人。然后，我就知道我是一个好人，因为我已经来到教会，我现在是属灵的人了。"耶稣所说的不是这些。他是说："我所要求你的，不只是从一种基于表现的身份认同，转到另一种基于表现的身份认同。我要你踏上一条全新的道路。我要你失去你的老我、你的身份，以我和福音作为你自我和身份的根基。"我喜欢耶稣说"为我和福音牺牲生命"。他是在提醒我们，不要把这些想得很抽象、很模糊。你不能说："哦，我知道了。我不能把身份建立在父母的赞许上，因为那种赞许忽来忽去；我也不能把人生建立在成功的事业或浪漫的爱情上。我要将人生建立在神身上。"其实，如果你只是这么想，神对于你来说几乎只是一个抽象概念。把生命建立在神身上，只是一种意志行动。事实上，根本没有人因为一种意志行动，就有了生命深层的改变。真正再造和更新生命的是爱。

耶稣是在说："仅仅把我看作一位教师或一种抽象原则是不够的。你必须定睛于我的生命。我走上十字架——在十字架上我失去我的身份，为要让你得着真正的身份。"

一旦你明白了神之子如此爱你，一旦你的内心受到触动，对存在意义有了新的感悟，你会开始获得一种力量，一种确据，一种自我价值感和独特感。这不是基于你所做的事情，有没有人爱你，你是不是减肥成功，或你有多少金钱。你获得了真自由——寻求自我身份的老路已到尽头。C. S. 路易斯在他所著《返璞归真》的最后两页，针对耶稣呼召我们"失去生命为要得着生命"这句话的评述极为精彩，无人能出其右：

我们越让现在所谓的"自我"退居一隅，让基督掌管我们，就越成为真实的自己。……我们真正的自我都在他之中，等待着我们去实现。……我越抵制他，越想靠自己而活，就越受自己的遗传、教养、环境和自然欲望的约束。实际上，我如此骄傲地称为"我自己"的那个东西，只是众多事件的交汇处，这些事件既非由我引发，也非我能阻止；而我所谓的"自己的愿望"不过是一些欲望，这些欲望或是由我的生理机制产生，或是由他人的思想注入……只有当我转向基督，接受他的人格时，我才第一次开始有了自己真正的人格。……但你千万不要为了人格去寻求他，只要你关注的仍然是自己的人格，你就没有真正去寻求他。[5]

路易斯说，如果你到基督面前，是要得到一种新的人格，你尚没有真正靠近耶稣。只要你在寻求你的真我，你的真我就不会出现。但是，当你寻求基督时，你的真我就出现了。

听见耶稣要上耶路撒冷去受难，彼得愤怒极了——几乎可以肯定，他的愤怒不只是为耶稣，也是为他自己。为什么？因为他有自己的计划，这计划他让干劲十足，但是这计划中没有苦难。当他看到耶稣不按照他的议程行事，就立刻谴责耶稣。如果你有你的计划，你要达到你的目的，耶稣只是达到你目的的手段而已，那么你只是在利用耶稣。如果耶稣是君王，你就不能利用他，让他成为达到你目的的手段。你不能与一个君王讨价还价。相反，你只能把你的剑放在君王的脚前，对他说，"请发令。"如果你试图谈判，对他说"如果……我就顺服"，你实际上不承认他是你的君王。不过，你不要忘记：耶稣不只是君王，他是十字架上的君王。如果他只是坐在荣耀宝座上的君王，你会顺服他，因为你不得不顺服。但是，他是为你上十字架的君王。因此，你对他的顺服不是出于不得已，而是出于爱戴和信任。这意味着，你来到耶稣面前，不是讨价还价，而是对他说："主啊，无论你说什么，我都愿意顺服；无论你给我什么，我都欣然接受。"当有人为你完全献上自己的生命，你岂能不完全顺服他吗？背起你的十字架，意味着向自我决意死去，向自我控制的生命死去，向利用他成就你自己的计划死去。

当耶稣说："我实在告诉你们，站在这里的，有人在没有尝过死味以前，必定看见神的国带着能力降临。"他在讲什么？有人认为这句话是说，当时那一代人尚未过去，耶稣就回到地上了。但是，耶稣所说的不是这个意思。耶稣那一代人去世之后，早期教会依然十分珍爱这节经文。他们知道，耶稣另有所指。他们知道他的意思是，尽管神的国在软弱中——在十字架上——开始，但不会如此终结。他们将看到基督复活的大能，看到基督教会在世界兴旺，看到教会在爱心、服事和影响力上的成长。[6]

如今对我们来说，当我们认识到自己的软弱，愿意否定自我，放下对自己生命的主权，神的国就在我们生命中开始了；当我们承认自己需要一位救主，神的国就开始了。我们需要某个人真正替我们完成所需要的一切，为我们的罪付上代价。那就是我们的软弱。耶稣是在软弱中开始——首先，他成为人；其次，他走上十字架。如果希望他进入我们的生命，我们也必须在软弱中开始。神的国度在这里开始，但是，神的国度并不在这里终结。时候到了，耶稣要再来，他要更新万有，那时，爱要完全战胜邪恶，生命要完全胜过死亡。

路易斯那段关于"失去生命是为了得着生命"的论述是这样结尾的：

放弃自我，你就会找到真正的自我，丧失生命，你就会得到生命。每天顺服于死亡，顺服于自己的抱负、挚爱的心愿的死亡，最终顺服于整个身体的死亡，全心全意地顺服，你就会发现永恒的生命。要毫无保留，你尚未放弃的东西没有一样真正属于你，你身上尚未死去的东西没有一样能从死里复活。寻找自我，最终你只会找到仇恨、孤独、绝望、狂怒、毁灭、朽坏，但是，寻找基督，你就会找到他。有了他就有了一切。[7]

如果真有那样的舞蹈，那么就有一位对我们无所求、却爱我们的君王。如果真有我们自己洗刷不净的污垢，那么十字架就是必不可少的。

第二部

十字架

耶稣的目的

第10章

山上

当彼得承认耶稣就是基督之后，《马可福音》的焦点就改变了。我在本书一开始说过，《马可福音》前半部主要讲说耶稣是谁，后半部主要讲说耶稣的目的——他来到世上究竟要做什么。在前半部，我们看到耶稣是完全的神，又是完全的人，是永恒的君王。他是赦免，是安息，是权能，是无限的爱。但是，耶稣的一生到了这一时刻，《马可福音》为读者留下了许多问题：他来到世上究竟要做什么，又如何去做呢？

当彼得开口承认"你是基督"时，耶稣马上解释说，他必须死。耶稣从那刻起，多次预言他的受难和死。当时，门徒们觉得不可思议、难以理解。因此，《马可福音》后半部要向我们表明，耶稣的十字架是必需的，十字架所要完成的工作是不可缺少的。耶稣的工作在开始时有可能是节节胜利的，但是现在，高昂凯旋的故事似乎越来越像一幕悲剧。

现在，耶稣开始越来越多地显明他来到世上所肩负的使命，也越来越明确地指出，跟从他究竟意味着什么。在《马可福音》前半部，他呼召人们跟从他，但是，现在他更为生动地描绘跟从他的意涵。跟从他就是效法他，正如他背起十字架，我们也要背起我们的十字架。十字架和荣耀在耶稣的生命中是一体的，同样，在我们的生命中，十字架和荣耀也是不可分割的。这是《马可福音》后半部要向我们介绍的主题。这部分是如此开始的：

过了六天，耶稣带着彼得、雅各、约翰，领他们悄悄地上了高山，在他们面前改变了形象。他的衣服闪耀发光，极其洁白，地上漂布的没有能漂得这样白的。又有以利亚和摩西向他们显现，并且跟耶稣谈话。彼得对耶稣说："拉比，我们在这里真好！我们可以搭三个帐棚，一个为你，一个为摩西，一个为以利亚。"彼得不知道该说什么才好，因为他们都非常害怕。有一片云彩来，笼罩他们，又有声音从云中出来："这是我的爱子，你们要听他。"门徒立刻周围观看，再也看不见别的人，只见耶稣单独和他们在一起。（可9：2-8）

旧约《出埃及记》记载，在这一事件发生数世纪之前，神在云中临到西奈山，从云彩中向人说话，众人恐惧战兢。摩西登上山顶，在那里恳求神让他看到神的荣耀："向我显出你的荣耀——你无限的伟大和无可比拟的美丽。"神回应说："我的荣耀经过的时候，我要把你放在磐石隙中，我要用我的手掌遮盖你，直到我过去了。然后，我要收回我的手掌，你就会看见我的背后，却不能看见我的脸。"（出 33：22 - 23）虽然摩西不能直接看到神的荣耀，但是，只要他稍微靠近神，他脸上就足以反映出神荣耀的光芒。

此刻，几个世纪之后，我们登上了另一座山。在这里荣耀再现。这耀眼的光芒使得耶稣的"衣服闪耀发光，极其洁白，地上漂布的没有能漂得这样白的"。那是在一座山上，从云中有声音说话——甚至有摩西显现。这是西奈山情景的再现吗？不是，因为这里与西奈山大不一样。摩西脸上放光，那不是他自己的光，而是反映神的荣耀，如同月亮反射太阳的光芒一样。但是，耶稣身上所显出来的荣耀，是神自身无可比拟的荣耀，那是从他自身发出的荣耀。耶稣不同于以利亚、摩西以及其他先知，因为耶稣不是**指向**神的荣耀，他自己就是以人的形式呈现出来的神的荣耀。《希伯来书》作者说："神荣耀的光辉，是神本质的真象。"（来 1：3）

这里还发生了一件在西奈山不可能发生的事——彼

得、雅各和约翰在神的同在中，却没有死。

神在云彩中临到西奈山，这是神"荣耀的同在"。你记得大祭司进入至圣所为以色列人赎罪时，那里所充满的神的荣耀吗？神在烟云中说话——那是神无遮掩的临在，以色列人知道那是生死攸关的。当神对摩西说"没有人看见了我还能活着"，他实际上是在说，在神和人之间有着人永远不能跨越的鸿沟。"你不能面对我的实在，"神说，"你无法承受我圣洁荣耀的临在。这圣洁和荣耀会毁灭你。"

这是为什么彼得在耶稣"改变形象"（这场景通常被称为"登山变像"）的山上，极为惊恐，不知道说什么才好。《马可福音》记载，他结结巴巴地说："拉比……我们可以搭三个帐棚，一个为你，一个为摩西，一个为以利亚。"这建议听起来简直是莫名其妙。让我们来看看这究竟是什么建议。

这里的"帐棚"在希腊文中与"会幕"是同一个词。神的荣耀临到西奈山之后，以色列人建造了会幕。为什么？大多数宗教早已看到，在神灵和人之间有着某种很大的差距。因此，许多宗教都会建造圣殿（会幕），设立祭司和献祭礼仪，教化人的良知，或清除人的罪恶，目的是缩短神灵与人之间的差距，保护人免受神灵临在时带来的灭顶之灾。彼得在此其实是说："我们需要建造一座会幕，需要设立一套礼仪，免得神的临在击杀了我们。"彼得说过这话之后，立刻有云彩显现，遮盖了耶稣、摩西和以利亚。神在他临在的荣耀中说："这是我的爱子，你们要听他。"他们正处在神的同在当中，但是彼得、雅各和约翰却没有被击杀。这怎么可能呢？"门徒立刻周围观看，再也看不见别的人，只见耶稣单独和他们在一起。"这是马可以其独特的方式在说，摩西没有了，以利亚也没有了。他们不能做成的，耶稣能。耶稣不只是神，站在神人之间鸿沟的另一边；耶稣还是桥梁，跨越了神人之间无法逾越的鸿沟。耶稣能给予人类的，是摩西和以利亚无法给予的，也是任何人无法给予的。通过耶稣，我们可以跨越神人之间无法逾越的鸿沟，进到终极实在的最核心，进入那神圣舞蹈的节拍之中。耶稣就是圣殿和会幕，他终结了世界上所有的圣殿和会幕；因为耶稣是终结了世界上一切献祭的祭牲，是为所有祭司指明道路的终极大祭司。

当那云彩临到时，门徒们不仅没有死，相反，神荣耀的光辉环绕着他们，拥抱着他们。他们听到父神从云彩中说，"这是我的爱子"，正如《马可福音》开篇耶稣受洗时所发生的一样。随后，云彩突然消失，门徒们站在光线骤然黯淡的山顶上，震惊无语。

雅各、彼得和约翰在这里经历了**敬拜**。

敬拜，就是预览我们心所向往的一切，无论我们是否知道那是什么。我们在艺术中，在浪漫爱情中，在爱侣怀抱中，在家庭中，寻找我们心所向往的。C.S.路易斯在他著名的讲章《荣耀之重》(The Weight of Glory) 中说：

在这个宇宙中，我们如同外人，我们渴望得到承认，渴望得到一些回应，渴望跨越我们所向往的和现实之间的鸿沟，这一切的感受是我们内在伤痛秘密的一部分。由此来看，那荣耀的应许，与我们内心最深切的渴望，一定有着高度的关联性。因为荣耀意味着与神有着美好的关系，被神接纳，有着从神而来的回应，被神承认，被神欢迎进入万有的核心。我们穷尽一生叩敲的门终将向我们敞开……我们终生挥之不去的乡愁，我们渴望与宇宙中某种我们感觉到被割断的东西再次连接，渴望进入那在外面始终可见却不能进入的某扇门内，这一切的渴望并非仅仅是神经质的幻想，而是我们真实生存境遇的最真实索引……目前，我们尚在那世界的外面，在那扇门的另一边……但是，整本新约圣经都在教导我们，事情不会永远这样下去。神若许可，我们终有一天将要进入那**里面**。[1]

敬拜不只是相信。彼得、雅各和约翰在上山之前就已经相信神。彼得已经承认，"你是基督"。但是，此刻他们不只是相信，更是感受和经历到他们所信的。神同在的荣耀笼罩了他们，遮盖了他们。他们预尝到了路易斯所说的人人渴望的那种美好：神的面容，神的怀抱。

荣耀的死

设想一下神的声音最终退隐之后的场景。门徒们肯定有许多问题要问耶稣。马可记载了接下来发生的事：

> 他们下山的时候，耶稣吩咐他们，人子从死人中复活之前，不要把所看见的告诉人。门徒把这句话记在心里，又彼此讨论从死人中复活是什么意思。他们就问耶稣，"经学家为什么说以利亚必须先来呢？"耶稣说，"以利亚固然要先来复兴一切，但圣经为什么又记载人子要受许多苦，被人藐视呢？其实我告诉你们，以利亚已经来了，他们却任意待他，正如经上指着他所说的。"（可9：9-13）

当他们下山时，耶稣对门徒说："人子从死人中复活之前，不要把所看见的告诉人。"为什么？因为门徒们要等到耶稣复活之后，才能明白山上事件的全部意义，耶稣登山变像只是让我们预先一瞥他复活的荣耀（和他再来的荣耀，以及《启示录》中所预言的，在世界末了他恢复万有的荣耀）。除非等到耶稣从死里复活，否则谁能相信这一点呢？

尽管如此，门徒们仍很清楚，耶稣提到他的复活，是再次指向他的死亡。当耶稣对他们说"我是弥赛亚，但是，我必须受难死亡"时，彼得责备耶稣。在这里，彼得和其他门徒故态复萌，只是出言谨慎了一点而已。他们问："经学家为什么说以利亚必须先来呢？"

旧约的《玛拉基书》预言说，当神显现、更新万有，即主大而可畏的日子来临之前，以利亚要回来。因此，门徒们实际上是在说："嗨，我们刚才在山上看到以利亚，这说明主大而可畏的日子肯定临近了！既然如此，为什么还要谈论死亡呢？以利亚已经在这里了。"耶稣立刻纠正他们说："我告诉你们，以利亚已经来了，他们却任意待他，正如经上指着他所说的。"耶稣的意思是说："先知所说的那位以利亚就是施洗约翰。他已经受苦被杀。以利亚是来了，却又离开了。"耶稣再次说："经上说，人子要受许多苦。"正如以利亚来了，做主的先锋，同样，以利亚却又被杀了（施洗约翰被希律砍头），这也是主被杀的预告。

在《马可福音》的开头，耶稣受洗，圣灵如鸽子降在他身上，加添他力量，开始了他公开传道医治的事工。现在，当他毅然走向十字架，走向死亡时，父神同样以他的同在——神的荣光，**同在**的荣耀，以及那声音——遮盖他，加添他力量，让他可以面对前面的苦难。神的临在不仅加添耶稣力量，也在预备门徒，因为当他们的主被杀之后，他们需要力量面对即将面临的大考验。

当有人爱你，关怀你，帮助你面对困难时；当有人无条件地支持你，鼓励你，帮助你化恐惧为果敢时；或者你与美的邂逅似乎化解了你的焦虑，带给你希望时，你是否有过类似的体会？

如果你常常获得那样的帮助，你是否会成为不一样的人？困境或苦难是否会使你更有智慧、更深刻、更刚强，而不是使你更苦毒、更心硬、更无趣？苦难是否会使你对人性更有同理心，而不是更蔑视不齿？失败是否会给你的生命带来收获？答案是肯定的，一定会。

但是，这里有一个问题：如何能得到那样的支撑、那样的鼓励、那样的爱，而不会让你的需要压垮你的朋友和家人？

答案是**敬拜**。无论对我们还是对门徒们，答案都一样。你必须透过敬拜来到神的同在中。在心灵深处，你必须清楚明白神在耶稣基督里已经为你做成的以及他正在成就的工作。你现在就要经历和预尝神在未来那大日要给予你的荣耀的拥抱。仅仅知道神的爱还不够，你还要真正**感受到**你对神的爱。

有人告诉你，某人极有魅力。你相信了，但是，当你真正近距离看到这个人时，你说："哇，实在太有魅力了，比我想象的更有魅力。"发生了什么？你听到了有关这个人的新资讯吗？没有——你正在**经历**你所知道的，并且知道那是真的。有人会说："这餐馆棒极了！这是最好的餐馆！"你相信别人告诉你的，但是，当你亲自去了那家餐馆，在那里吃了一顿，你就陶醉其中了。你听到了什么新的资讯吗？没有——你正在**经历**你所知道的，并且知道那是真的。知道荣耀的创造主神爱你、看顾你、托住你是一回事；但是，经历和感受你所知道的这一切，却是另一回事。无论将来生活如何，你都需要预尝神在未来所要显与你的荣耀，唯有如此，你的生命才能得到滋养和力量。

耶稣登山变像不只是一件让门徒们相信耶稣神性的神迹奇事。变像山上的经历也是一种集体敬拜的经历，门徒们奔走前面的道路需要这种经历。

荣耀的一瞥

那么，如何能以那样的方式进入神的同在呢？如何现在就能预尝神在未来要给予我们的荣耀呢？耶稣和门徒刚下山，机会就来了，他要让我们明白如何进入神的同在。

他们回到门徒那里，看见一大群人围着他们，又有经学家和他们辩论。众人看见了耶稣，都很惊奇，就跑上前去向他问安。他问他们："你们和他们辩论什么？"群众当中有一个回答他："老师，我把我的儿子带到你这里来，他被哑巴鬼附着。无论在哪里，鬼抓住他，把他摔倒，他就口吐白沫，咬牙切齿，浑身僵硬。我请你的门徒把鬼赶出去，他们却办不到。"（可9：14-18）

经学家和众人与门徒们辩论——这些门徒没有跟耶稣一同上山。他们试图赶鬼，但不成功。魔鬼还在，每个人都感到迷惑。

　　马可又一次把魔鬼的存在视作不证自明的现实，真实存在于人类生活中。与邪恶这一位格性超然存在的争战依然继续。并非每个人都像这个故事中的男孩那样被鬼附着，但是保罗在《以弗所书》6章及其他地方指出，我们都无时无刻不在与属恶魔的"空中掌权者"争战。要记住，耶稣本人也不例外。我们在《马可福音》前面的经文中看到，耶稣受洗后在旷野"四十天，受撒但的试探"（可1：12）。

　　这男孩被鬼附着，导致他耳聋舌结，浑身抽搐。这种不堪的身体和属灵状况，不仅使孩子绝望，也影响到周围所有的人——孩子的父亲，耶稣的门徒，以及经学家。马可继续写道：

　　耶稣回答他们："唉！不信的世代啊！我跟你们在一起到几时呢？我要忍受你们到几时呢？把他带到我这里来吧。"他们就把孩子带到他跟前。那鬼一见耶稣，就立刻使孩子抽了一阵疯，倒在地上，流着唾沫打滚。耶稣问他父亲："这事临到他有多久了？"他说："从小就是这样。鬼常常把他扔在火里水中，要毁灭他。如果你能作什么，求你可怜我们，帮助我们。"耶稣对他说："'如果你能'

（"如果你能"有些抄本作"你若能信"）——对于信的人，什么都能！"孩子的父亲立刻喊着说："我信！但我的信心不够，求你帮助我。"耶稣看见群众围拢了来，就斥责那污鬼说："聋哑的鬼，我吩咐你从他身上出来，不要再进去。"那鬼大声喊叫，使孩子重重地抽了一阵疯，就出来了。孩子好像死了一样，所以许多人都说："他死了！"但耶稣拉着他的手，扶他起来，他就站起来了。耶稣进了屋子，门徒私下问他说："为什么我们不能把那污鬼赶出去呢？"耶稣对他们说："这一类的鬼，非用祷告是赶不出去的。"（可 9：19 - 29）

门徒们正试图赶鬼。但他们试图**不祷告**就把鬼赶出去。面对世界上的邪恶和苦难，他们何等傲慢；对自己的不足，他们何等无知。他们试图赶鬼，却不祷告，这与他们理解不了耶稣为何受难死亡的原因是一样的——他们认识不到自己何等软弱，又是何等骄傲。他们低估了世界上以及他们自己里面邪恶的力量。

经学家们也在那里，可能是在批评他们。在整个场景中，只有一个人认识到自己的软弱，承认自己没有能力处理他所面对的苦难和挣扎——这就是那孩子的父亲。

他问耶稣："你能医治我的儿子吗？"耶稣回答说："对于信的人，什么都能。"意思是，"如果你信，我就可以医治他"。那父亲回答说："我信！但我的信心不够，求你帮助我。"换言之，"我愿意努力，只是我的心中充满了怀疑"。随后，耶稣治好了那人的儿子。这是大好的消息。我们可以借着耶稣进入神的同在——不需要凭自己完美的义，只要悔改并承认自己的绝望。

其实，耶稣本可以对他说："我是以人形显明出来的神的荣耀。洁净你的心，认罪悔改，脱去疑惑，不要心怀二意，完全降服于我，以清洁的心来到我面前，你就可以得到你所需要的医治。"但是，耶稣没有这样对他说——他完全不是这个意思。那孩子的父亲说："我没有信心，我心里有许多怀疑，我没有力量面对道德和灵性上的挑战。请你帮助我。"那是使人得救的信心——不是相信自己，而是相信基督。我们绝无可能有完美的义。如果你等到有了完美的义才来到神的面前，那么你就毫无希望了。你必须承认，你毫无自己的义，你需要帮助。当你内心**如此**说的时候，你正在靠近神，敬拜他。

在离开这个场景之前，我们要清楚认识到耶稣即将失去的是什么。他一直与天父活在永恒之中。在山上，我们看到神的荣耀环绕他、遮盖他。但是，在十字架上，他要被神抛弃；在山上，我看到他一直拥有的那种荣耀生命——神的爱和光环绕他、遮盖他，但是，在十字架上，他要在黑暗中失去一切。

耶稣为什么要经受这一切的苦难和羞辱？他这样做是为了我们。保罗明确告诉我们，在十字架上，耶稣为我们揭露罪恶真相并将其击败。他在致歌罗西教会的书信中说，耶稣"靠着十字架胜过了一切执政掌权的，废除了他们的权势"（西2：15）。

在山上，神借着圣灵为耶稣加添力量，让他完成来到世上的使命，让他承受无限苦难，为要胜过所有的罪恶。神也能以同样的方式坚固我们，加添给我们力量，让我们面对和战胜自身的苦难。

或许你头脑中知道神爱你，但是，圣灵有时让这爱在你心中变得更亲切、更确定；有时让你也有山上的感受；有时你能通过圣灵听到神那无条件的、永不改变的、极为亲密的爱的宣告；有时你不只是**知道**神的爱，而且在心中确实地听到神对你说："你是我的女儿，你是我的儿子，我爱你。我会付上一切代价，进入一切深渊，为要得着你，不让你失丧——我已经这样做了。"

当你以痛悔无助的心寻求神，你就是在敬拜神了。每次当你感受到他的拥抱，你的灵魂就更多一点反映他荣耀的光彩，你也有更多一点力量，去面对生命道路上将要遇到的一切。

第 **11** 章

 陷阱

———————————————

　　卓越的世界基督教历史学家沃尔斯（Andrew Walls）在一篇访谈中说，基督教之外的其他几大世界宗教，无论其起源地何在，那地方至今仍是该宗教的中心。伊斯兰教起源于阿拉伯的麦加，时至今日，中东仍是伊斯兰教的中心。佛教起源于远东，那里至今仍是佛教的中心。印度教同样如此——它始于印度，至今仍是印度的一种主要宗教。但是，基督教例外。基督教的中心总是在移动，总是处在朝圣的路途上。基督教最初的中心是耶路撒冷，但是，希腊化的外邦人，即那些被认为未经教化的野蛮人，接受了基督教，基督教中心很快迁移到希腊化的地中海地区——转移到亚历山大、北非、罗马——并停留在那里数世纪之久。但在之后，另一群未经教化的野蛮人即北欧人——法兰克人、盎格鲁-撒克逊人、凯尔特人——接受了基督信仰，基督教中心很快再次转移到北欧，停留在那里（以及通过殖民和移民转到北美）有千年之久，但是，近来再次挪移。

二十世纪基督教在欧洲渐渐衰落，在北美的增长速度勉强跟得上人口的增长幅度。但是，在拉丁美洲、亚洲和非洲，基督教则蓬勃发展，增长速度比人口增长快十倍以上。在过去的数十年里，基督教中心移向南半球。现在全球百分之五十以上的基督徒居住在南半球。

例如，在这个世纪之交，美国大约有二百五十万圣公会和其他安立甘宗信徒。但是，如今仅仅在尼日利亚就有一千七百万安立甘宗信徒；在乌干达有八百万。仅仅这两个国家，安立甘宗信徒的总数就已经是美国安立甘宗信徒总数的十倍。在 1900 年，基督徒在非洲只占总人口的百分之一。如今基督徒几乎占非洲总人口的半数以上。[1]

可以预测，在接下来的五十年到七十年内，欧洲和北美将不再是基督教中心。基督教中心将会继续迁移，因为它总是迁移。

在访谈中，有人问沃尔斯："为什么会有这样的迁移？如果其他宗教的中心一直不动，为什么基督教的中心时常迁移？"沃尔斯回答说："我认为，有一个因素必须要考虑到，那就是基督信仰的核心处有着某种易伤性和脆弱性。你可以说，这是十字架的易伤性。"[2] 福音的中心是十字架，十字架关乎放下权利、倾倒资源、致力服务。沃尔斯暗示说，当基督教长期处于有权势、有财富的位置，有关罪、恩典和十字架的激进信息就会被削弱，甚至丧失。如此基督教就开始变质为一种让人舒舒服服、不痛不痒的宗教，一种让那些令人尊敬的人竭力行善的宗教。最终基督教在这些地区就会近乎休眠，于是基督教中心就会迁移到别处。

坠入陷阱

沃尔斯断言，基督教中心总是远离权势和财富。《马可福音》记载的这个故事可以帮助我们理解其中的缘由：

耶稣又开始他的行程。那时，有一个人跑过来，跪在他面前，问他说："良善的老师，我当作什么，才可以承受永生？"（可 10：17）

通过其他福音书的平行记载，我们获知，这是一个年轻人，并且是个当官的。由此，他又被称为年轻富有的官。马可继续道：

耶稣对他说："你为什么称我是良善的？除了神一位以外，没有良善的。诫命你是知道的：不可杀人，不可奸淫，不可偷盗，不可作假证供，不可欺诈，当孝敬父母。"他对耶稣说："老师，这一切我从小都遵守了。"耶稣看着他，就爱他，对他说："你还缺少一件：去变卖你所有的，分给穷人，就必定有财宝在天上，而且你要来跟从我。"那人听见这话，就变了脸色，忧忧愁愁地走了，因为他的财产很多。（可10：18－22）

这是一个试图在灵性上有所寻求的人，但是，他不能完全接受耶稣的教导。当这个人离开时，请注意门徒们的反应：

耶稣周围观看，对门徒说："富有的人要进神的国，是多么难哪！"门徒都希奇他的话，耶稣又对他们说："孩子们哪，（有些抄本在此有"倚靠钱财的人"一句）要进神的国，是多么困难！骆驼穿过针眼，比有钱的人进神的国还容易呢！"（可10：23－25）

你是否注意到耶稣的一些教导更像水果硬糖？那些教导显然不像巧克力，入口即化——只是片刻的享受。但是，硬糖就不同了。如果吃得太快，你可能马上就得去看牙医，或者需要人帮忙做海姆利克急救法。耶稣的不少教导就是那样。你需要不断琢磨，细细体味，如此你才能每深入一层就尝到更甘甜的滋味。耶稣在此所说的为人所熟知，但很难解。"骆驼穿过针眼，比有钱的人进神的国还容易呢！"这句话当时引起争议，如今仍旧引起争议。请再次注意门徒们的反应：

门徒都希奇他的话，耶稣又对他们说："孩子们哪，要进神的国，是多么困难！骆驼穿过针眼，比有钱的人进神的国还容易呢！"门徒就更加惊奇，彼此说："这样，谁可以得救呢？"耶稣看着他们，说："在人不能，在神却不然，因为在神凡事都能。"（可 10：24 - 27）

不少人相信，如果不利用人，不欺骗人，就难以积累巨大财富。许多人对政治和经济问题的看法背后也有这样的预设，认为不站在别人的肩膀上就不可能致富，甚至认为**拥有**大量财富是不道德、不公平的。你或许希望门徒们说："太棒了，耶稣！你不让这些富人进入你的国度，我们太高兴了——他们巧取豪夺，欺诈剥削，已经够多了。"但是，门徒们的反应并非如此。他们反而会说："如果**他**不得救，那么谁还能得救呢？"门徒们所成长的文化，不把财富视为邪恶，而是视其为道德行为的奖赏和回报。如果你好德行善，生活有道，神会以成功和财富奖赏你。门徒们接受这样的观点。其实，这是一种世界观。比如，《约伯记》中约伯的朋友们就持这种世界观。他们相信，如果你在物质上繁荣昌盛，那说明你是有德行的人，神喜悦你，以这些物质奖赏你。相比之下，你若贫困潦倒，就说明你没有好德行善，神不喜悦你。但是，耶稣对这个人的回应向我们表明，他并不赞同这种过于简单化的世界观——拥有巨额财富的人，不一定就是巧取豪夺，不仁不义；也不一定就是好德善施，蒙神喜爱。

看看在这段经文中耶稣如何与这位年轻人交谈。他提到十诫中的好几条，问他一些有隐含意义的问题。比如，"不可欺诈"。换句话说，你在生意买卖中有没有不诚实？"不可偷盗，不可作假证供"。耶稣是在问他："你偷窃过吗？你欺诈剥削过他人吗？你有没有巧取豪夺本属于他人的东西？"

那年轻人回答说："这一切（诫命）我从小都遵守了。"他的意思是，"我的财富，不是靠欺诈剥削得来的。我不欺不诈，秉公行义，善待他人。在这些方面，我从未有过任何不义。"

耶稣没有转向他，对他说，"你撒谎。"他接受他所说的。当然，人可以靠诡诈欺骗积累财富，但是，"取财有道，守财有德"也并非不可能。换句话说，通过刻苦自律、持定目标、延迟自我满足、忍耐不懈来获取财富是可能的。这里我们看到，耶稣并没有说财富创造本身有什么意识形态上的问题。他没有说有钱本身是错的，或是不公平的。

但是，他的确说，富人进天国比骆驼穿过针眼更难。

数世纪以来，人们试图弄懂耶稣这句话的意思，有些理解让人啼笑皆非。有人说："耶稣说的针眼，并不是指字面意义上的针眼。在耶稣时代，耶路撒冷城墙上有一些窄小的门，骆驼难以穿过，尤其当骆驼身上驮有大的货物时，就更难穿过。不过，卸下那些货物，让骆驼摒住气息，再用力推一推它，虽然有些难，但骆驼还是有可能穿过那扇小门的。"也有人说："耶稣所说的骆驼，不能照字面意义理解。亚兰语中的'麻线'与'骆驼'两个词的发音类似。耶稣在这里其实是在说，从针眼穿过麻线相当困难，但是如果用唾液将麻线捻湿成尖细形状，对准针眼，动作细致，也并非不可能穿过针眼。"

这些解释有些过度了。我认为，耶稣在这里的信息一点也不含糊难解。每种文化都有一些极为生动的比喻。比如，就像俗语说的"雪球的机会"（a snowball's chance），意思是一个雪球在灼热高温的地方不可能不溶化。同样，骆驼穿过针眼绝无可能。信息直截了当，富人**不可能**进入天国。这就是耶稣所说的。

但是，这里存在一个重要的细微差别。耶稣的意思不是说，有钱就是罪；所有富人都是坏人，所有穷人都是好人。耶稣并没有做出如此笼统的断言。耶稣也不是说，"小心不要落入贪婪，对人要时常慷慨"。耶稣所说的不是这个意思。他是说，我们**每个人**生命当中都有一些东西在根本上是错误的——而金钱则有着特殊的能力，让我们对这些错误视而不见。事实上，金钱有着极大的欺骗力量，让我们对自己真实的灵性状态模糊不清。这种灵性状态只有通过神恩慈和权能的干预才能看清。没有神，没有神迹，没有恩典，我们绝对看不清自己真实的属灵光景。

揭示陷阱

思考一下耶稣是如何劝告这位年轻人的。从表面看，这位年轻人卓越出色，但是，他的确需要指引帮助。他富有，年轻，也可能很帅——富有又年轻，就**很难**不帅。但是，他并不是什么都有，什么都不缺，否则他不会来到耶稣面前问说，"我当作什么，才可以承受永生？"

任何一个虔诚的犹太人都知道这个问题的答案。犹太拉比在他们的著作和教导中，总是提出这个问题。他们的答案总是一样。在这个问题上，没有什么理解上的分歧，也没有什么不同的思想流派。这个问题的答案是，"顺服神的诫命，逃避罪恶。"年轻人早知道这个答案。那么，他为什么要来问耶稣？

耶稣对那年轻人说："你还缺少一件。"这句话让我们捕捉到这位年轻人内在纠结的核心。这位年轻人是在说："耶稣啊，你知道吗，我一直做对的事，经济上很成功，社会关系上很成功，道德上很成功，灵性上也很成功。我听说你是一位好拉比。我想知道，是不是还有什么事被我漏掉了，忽略了。我觉得，我还缺少某种东西。"

他当然缺少某种东西，因为任何靠数算自己功德求永生的人，不管他们已经**做成**了多少，他们仍旧发觉自己里面是空空的，没有安全感，充满了怀疑。他们的确缺少某种东西，因为一个人怎么可能知道他是否已经足够好了呢？

走在纽约的大街上，你会看到许许多多看起来完美无瑕、英俊靓丽的面孔。你若上前去问他们："你的脸真的像看起来那么完美无瑕吗？"（你当然不能真的这样问，除非你想因骚扰的罪名被拘捕）他们的回答一定是"不"，因为他们每天对着镜子看自己，他们知道自己这里有点小疤痕，那里有点小缺陷。事实上，他们中间不少人看起来那么英俊美丽，是因为他们花了许多时间、精力、资源用来遮盖他们脸上的瑕疵。如果你靠近一点看任何人，看任何东西，你都会看到瑕疵和斑点。

这个人似乎春风得意。从不错的学校拿到了学位，事业有成，腰缠万贯，而且才二十八岁。然而，令他吃惊的是，他竟然要找一位大师和拉比，对他说："我还缺少某种东西。你知道我缺少的东西是什么吗？我已经相当有成就，但是，我觉得事业未竟，还有事要完成。我已经准备好了，可以打开我的灵性文件夹。可是，我在这文件夹里该放入些什么呢？我愿意让我的生命有所改变。请你告诉我，我当做什么。"

耶稣告诉了他。但是，耶稣的建议却击退了这个人。

耶稣一开口就表明他要重拳出击。他的第一个问题是："你为什么称我是良善的？除了神一位以外，没有良善的。"那是一个提示，一个预览。耶稣当然不是说，他不良善。他没有说："你为什么称我是良善的？我——耶稣——并不是良善的。"耶稣是在说："你为什么来到一个你认为只是普通拉比的人面前，却称他为良善的？你整个有关良善和邪恶的观念是有问题的。"那是一个提示。

随后，耶稣再度出击。这个人说，他已经遵行了诫命，已经活出了律法所要求的道德生活。耶稣接受他的说法，没有予以反驳。但是，耶稣所触及的比这个人所说的更深。耶稣继续教导这个年轻人，有一件事是他必须要做的："去变卖你所有的，分给穷人，就必定有财宝在天上，而且你要来跟从我。"

耶稣是在对他说："如果你要跟从我，要得永生，你当然不能奸淫，不能欺骗，不能杀人。你不应当做那些坏事。如果你只是为所做坏事而悔改，那么，你所做的一切，是让你成为一个虔诚的宗教人士。但是，如果你要得永生，要与神建立亲密关系，要摆脱那种若有所失的苦恼，要找到一个办法擦掉那种污迹，你必须改变对你自己才干和成功的态度。你必须为一直以来你如何使用你的**好**

东西而悔改。"

我们使用这些"好东西"的方式有许多种。我们会使用我们的"好东西",处理那些他人看不见的不完美。比如,我们迫不及待地试图把物质财富转化为一种灵性财宝,以掩饰那种内在的贫乏感;我们努力把外在美丽转化为灵性的美丽,以掩饰那种内在的缺陷感;我们也会使用我们的好东西,让自己觉得高人一等,或者支配他人听从我们的吩咐,做我们要他们做的事。最重要的是,我们会指着我们所获取的好东西——我们的成就和所拥有的一切——对神说:"看看我所取得的成就!你应当回应我的祷告。"我们会使用我们拥有的好东西支配神和他人。

因此,在这段经文里,耶稣是在说:"你所相信、所倚靠的,是你的财富和成就。你的相信和倚靠正在让你疏远神。此刻,神是你的老板,却不是你的救主。你可以如此审视这个问题:**我要你想象一下没有钱的生活**。我要你想象一下你所拥有的一切都消失了,没有遗产,没有存款,没有佣人,没有大房子——所有这一切都没有了。除我以外,你一无所有。你能那样生活吗?"

那个年轻人如何回应耶稣的建议呢?"他忧忧愁愁地走了"。"忧忧愁愁"(sad)这个词最好翻译为"忧伤"(grieved)——他**忧伤**。为什么我认为这种翻译更好呢?让我告诉你。新约中另有一处将同样的词用在了耶稣身上。马太在他的福音书中记载,耶稣在客西马尼园中汗如血点，甚是"忧伤"*，几乎要死。为什么？他知道，他就要经历终极的混乱与迷失。他要失去他生命的喜乐，他身份的核心，甚至要失去他的父。耶稣要失去的，是他灵性的中心，他的自我。

当耶稣呼召这个年轻人放下他的金钱时，他开始忧伤了，因为金钱之于他犹如天父之于耶稣。金钱是他身份的核心。失去金钱，犹如失去他的自我——失去了他以为可以掩盖他污点的那种感觉。

以神为老板，为榜样，为导师，是一回事；但是，如果你要神成为你的救主，你必须让神取代你一直在寻找的冒牌救主。每个人都以某种东西为他们的冒牌救主。那么，什么是你的冒牌救主呢？

如果你要成为基督徒，你当然需要认罪悔改。但是，在你为罪悔改之后，你还要悔改之前你是如何使用生命中的好东西，取代了原本应该属于神的位置。如果要与神有亲密的关系，摆脱某种内在的缺失感，你尽心尽力去爱的就只能是神。

你看到耶稣的回答何等微妙吗？这位年轻人的问题，不在于他的财富价值，而在于他的道德价值。他的问题在于他觉得自己不需要神的恩典。基督徒是这样一群子民：**他们知道，他们的基督信仰是不可能的，是一种神迹——**

---

* 此为和合本译法；新译本为"忧愁难过"。——译者注

这不是自然的事，乃是超自然的事，与一个人的功德和成就没有关系。每个人都得承认，我们一直将希望寄托于某种形式的个人功德。正是我们的个人功德和道德财富，让我们无法理解耶稣基督十字架的奥秘。

这个年轻富有的官员身上所发生的，类似于稍后《马可福音》12章所记述的另外一件事，只是冲突性没有这么强而已。在《马可福音》12章，耶稣让我们看见，律法要求我们把一切都归于神。一个经学家对耶稣的智慧印象深刻，如同那年轻的官员一样，他问耶稣一个问题：

有一个经学家，听到他们的辩论，觉得耶稣回答得好，就来问他："诫命中哪一条是第一重要的呢？"（可12：28）

他提出这个问题，目的是要陷害耶稣，但他又显得很真诚——似乎他真的想要知道这个问题的答案。经学家是专业研经者和律法专家，终其一生都在研究律法，将律法分门别类，甚至归纳出旧约律法多达六百一十三条。他们总是试图分辨律法中哪些规条是更重要的，哪些是一般的。他们探讨的根本问题，是要知道，"在数百条律法规条中，究竟哪条最重要？"下面是耶稣的回答：

耶稣回答："第一重要的是：'以色列啊，你要听！主我们的神是独一的主。你要全心、全性、全意、全力，爱主你的神。'其次是：'要爱人如己。'再没有别的诫命比这两条更重要的了。"（可12：29-31）

耶稣的回答是，旧约中有两条诫命。第一条出自《申命记》6：4-5，经文包括《示玛篇》，亦即敬虔的犹太人每天早晚都要诵读的对独一真神的认信，以及全身心地爱神的命令；第二条出自《利未记》19：18，要求人爱邻舍如同爱自己。由此，耶稣把神的所有律法归结为一条——爱神和爱人。耶稣在此触及伦理道德最核心的两难境地。数世纪以来，许多思想家认识到"律法"和"爱"之间存在张力。我是在做一件合法的事，还是在做一件有爱心的事？耶稣在这里不是推崇一两个律法规条高于其他规条，也不是选择爱心高于律法。他是在显明，爱成全了律法。如果遵行律法不是为了爱神或爱他人，那么律法就没有被成全。

当这位经学家听到耶稣的回答，他有没有像那位年轻的官那样忧忧愁愁地离开？马可这样记载：

那经学家对耶稣说："老师，是的，你说的很对，神是独一的，除了他以外再没有别的神。我们要用全心、全意、全力去爱他，并且要爱人如己，这就比一切燔祭和各样祭物好得多了。"（可12：32-33）

这位经学家承认这两条诫命的重要性。他提到燔祭和各样祭物，表明他意识到这些东西并不能赎罪。他意识到律法所给予我们的，是一种我们不可能完全遵行的道德标准——骆驼穿过针眼都比一个人满足律法的要求容易。越是看到这一点，就越能明白基督的福音。如果不看其他，只盯着要遵守的律法规条，那么我们就会自我感觉良好。但是，若能看到律法所要求的心灵态度，我们就能渐渐意识到，我们实在需要神的恩典和怜悯。

那么，耶稣如何看待他？

耶稣见他回答得有智慧，就对他说："你距离神的国不远了。"（可 12：34）

我们觉得，耶稣的回答——"你距离神的国不远了"——可能让这个经学家起鸡皮疙瘩。从表面看，这里耶稣的回答与他对那年轻财主的回答几乎一样——"你还缺少一件"，不过，耶稣在那里的回答似乎让人大倒胃口。类似的隐含问题，类似的回答，却导致完全不同的反应。其中只有一人能看到那陷阱。

避免陷阱

你对金钱是怎样的态度？

耶稣每**一次**警告人不要把生活的根基建筑在性和浪漫爱情上，就会有**十次**关于金钱的警告。这并非偶然。金钱向来是最能吸引人顶礼膜拜的偶像之一。有钱你就可以去一流的餐馆，拥有时尚的商品，跻身某种专业文化和相似背景者的圈子——这一切对你的重要性可能过于你所知道的。

如何知道金钱对你而言不只是金钱？这里有几个标记：你舍不得给出大量金钱；如果你实际拥有的金钱比你已经习惯拥有的金钱要少，你会觉得惊慌恐惧；你已经拼命工作了，已经力争成为更卓越的人，可是，你还是看到别人比你做得好，总觉得不如人。若是这样，你已经有一只脚落在陷阱之中了。因为金钱对你不再只是一种工具，而是一种计分卡。它是你的身份，你的本质。不管你有多少钱（尽管金钱本身并不邪恶），它都有着令人难以置信的力量让你远离神。

但你有没有注意到，在耶稣与那位富有的少年官交谈时，马可的记载是，耶稣"看着他，就爱他"。为什么耶稣的心突然充满对他的爱？当然，耶稣是充满爱的人子，但是，在福音书叙事中，如此明显地描述他对一个具体的人的柔情却是罕见的。耶稣爱他，是因为他具有潜在的领导才能吗？还是因为他所说的话引起耶稣对他的爱呢？不是的，这些都不是耶稣爱他的原因。

当时，耶稣差不多是三十一岁。他看着他，与他认同。耶稣自身也是一个富足的年轻人，比这位富有的少年官所能想象的更富足。从永远到永远，他一直生活在三位一体神那测不透的荣耀、丰盛、爱和喜乐之中。但他已经离开那种丰盛和富足。使徒保罗说，耶稣基督本来富足，却为我们成了贫穷（林后8：9）。

耶稣要说的是，"**我要进入贫穷，进入没有任何人能够想象的贫穷深渊。我舍弃了一切。为什么？为了你。**现在，你要舍弃一切来跟从我。如果我舍弃我的'无比丰富的一切'，是为了你，那么你能舍弃你的'无比渺小的一切'来跟从我吗？我不会要求你做任何我未曾做过的事。我是终极的、富足的、年轻的统治者，但是，为了得到你、拯救你，我舍弃了终极富足。现在，你需要舍弃你的一切，跟从我。"

如果你能认识到，耶稣是那真正富足的年轻统治者，那么你就会改变对金钱的态度。比方说，你就不会反复盘算你**必须**给出多少，你会费尽心思考虑你**可以**给出多少。十字架是你慷慨程度的真正标准。耶稣是在说："我要你对金钱的态度完全改变，借着我即将走上十字架所要完成的，我要你重新调整你对金钱的态度。"

这能触发你思想耶稣为你所做的一切吗？一旦你真实地为之感动、惊讶并流泪，你就有了奋力一搏、避免落入陷阱的机会。让基督在十字架上的舍命融化你的心，消减金钱对你的重要性。是给出金钱，还是留为己用，全在于当下究竟什么对你是最美、最好的。我所知道的胜过你生活中金钱力量的唯一方法，是看到那终极的、年轻的、统管万有的基督耶稣，他舍弃了一切，为要寻找你，拯救你，爱你。

耶稣说："我的能力总是远离那些爱权势、爱金钱的人。我的能力总是**临到**那些像我一样舍弃权势和金钱的人。你要过哪种生活?"

第12章

赎价

耶稣清楚说明了自己来到世上的目的：他来是为了死。他也是这样反复告诉门徒们的。事实上，在马可记载下面事件的那刻，耶稣已经两次预言他的死：第一次是在《马可福音》8章，就在彼得说"你是基督"之后：

于是他教导他们，人子必须受许多苦，被长老、祭司长和经学家弃绝、杀害，三天后复活。耶稣坦白地说了这话，彼得就把他拉到一边，责怪他。（可8：31-32）

在《马可福音》9章，他再次预言他的死：

他们从那里出去，经过加利利，耶稣不想让人知道，

因为他正在教导门徒。他又对他们说："人子将要被交在人的手里，他们要杀害他，死后三天他要复活。"（可9：30-31）

为了防止门徒们（或者我们）不能领悟，耶稣在《马可福音》10章再次预言他的死。

在上耶路撒冷的路途中，耶稣走在前面，门徒希奇，跟从的人也害怕。耶稣又把十二门徒带到一边，把自己将要遭遇的事告诉他们，说："我们现在上耶路撒冷去，人子要被交给祭司长和经学家，他们要定他的罪，并且把他交给外族人。他们要凌辱他，向他吐唾沫，鞭打他，杀害他，三天以后，他要复活。"（可10：32-34）

这次耶稣比以前更为详细地告诉我们，他要受死。在这里，我们首次被告知，耶稣要在耶路撒冷受死，犹太人和外邦人都要拒绝他。8章只是提到犹太宗教领袖，9章泛泛提到他要被交在"人"的手里。在8章，他说到祭司长和经学家将要拒绝他，但是，此刻他告诉我们，他们要"定他的罪"，要处死他。这个法律用语说明，他要在刑事司法体系里受到审判，并要被处决。他对自己最后日子的预言也由此变得更触目、更暴力：他们将要"凌辱……吐唾沫……鞭打"他。

在仅仅三章的经文中，耶稣三次预言他的死——他知道他的死对他的使命而言并非偶然。相反，他的死对他在地上的身份和目的而言，绝对是关键性的。但是，《马可福音》10 章的重大进展是，耶稣不仅告诉我们他要受死，而且还第一次提到为什么他要受死：

因为人子来，不是要受人服事，而是要服事人，并且要舍命，作许多人的赎价。（可 10：45）

耶稣基督来到世上，不是要受人服事，而是要为人舍命受死。单凭这一点，他就不同于其他宗教的创始人。他们的目的是活着，成为榜样；而耶稣的目的是死，成为祭物。

耶稣选择**来**这个动词，让我们明白，在他降生于世之前，他已经存在：他从永恒**来**到世界。当他来到世界，他有权利被尊崇，受服事，但他放弃了那份特权。

最后那句"作许多人的赎价"，总结了耶稣来到世上受死的原因。他来到世上，成为我们的替代性祭物。此句经文可直译为"**替**许多人作赎价"。这里"**替**"字值得注意，它的希腊文（anti）的意思是"代替""替换"。那么**赎价**（ransom）呢？现代英语中很少使用这个词，除非发生与绑架有关的事。其对应的希腊文是 lutron，指"为一个奴隶或囚犯买取自由"。为了获取他或她的自由，救赎者要付出与那个奴隶或囚犯价值相称的大笔赎金，或偿还他们所欠的债务。

耶稣来到世上，是要为我们付上那样的赎价。但他要来解决的是普世性的问题，即宇宙性邪恶的问题，所以这需要付出宇宙性的赎价。耶稣说："为了让你获得自由，我来替你付清你不可能付清的赎价。"这个赎价就是耶稣在十字架上的流血牺牲。

甘愿牺牲

如果你不认同基督教有关十字架的教导，那么理解这一点对你来说是相当困难的。人们很自然地以为，圣经所讲论的神，无非是在古老、原始的嗜血社会里，又增加了一位受人膜拜的、古老的、原始的、嗜血的神灵而已。比如，在荷马的《伊利亚特》中，阿伽门农只有献上他自己的女儿为祭，才能得到顺风到达特洛伊。献女儿为祭物可以抚平神灵的怒气，如此神灵才能让他抵达特洛伊。耶稣在《马可福音》中所说的，似乎是同一主题的另一变体：一位暴躁的神灵，统治着一种野蛮的古代文化，要求以人血为祭物，才能释放无辜的奴隶和囚犯。

但是，那绝对不是这里所发生的事。你或许会问，为什么不是？如果神是一位慈爱的神，为什么不干脆赦免每个人的罪？为什么耶稣非得受苦受死？为什么他非得成为赎价？

这是答案的起点：他非死不可，不是因为神的爱不够；他非死不可，恰恰是**因为**神的爱。他必须以这样的方式死，因为**一切改变生命的爱，都是替人受难牺牲的爱**。

你想想看，如果你爱一个人，他的生命无风无浪，也无大的挑战，爱他几乎不需要付上什么代价。这很好，皆大欢喜。在你的周围，或许有这么四五个人。你应当找到他们，成为他们的朋友。但是，你一旦试图爱某个人，他有需要，有麻烦，有患难，或者他有着情感上的伤痛，那么，爱他就要求你付出代价了。你不可能爱他却不承担任何损失。爱要求某种重负的转移，所以对方的麻烦或问题会以某种方式转移到你的身上。

这个世界有许多心灵伤痛的人。他们情感上痛苦不堪，迫切地需要被爱。当他们与你在一起时，你觉得不耐烦，如坐针毡，想找一个漂亮的借口离开他们，因为听他们讲说他们的苦痛实在让你觉得备受折磨。作一个情感受伤者的朋友的确让你筋疲力尽。只有爱他们，才能填补他们情感上的空洞；而爱他们的唯一途径，是你在情感上付出你自己。你需要把你饱满的情感倾倒在他们身上，你得在某种程度上倒空自己。如果你只顾自己的情感安逸，避免与这些人接触交往，他们就只有消沉下去。所以，爱他们的唯一途径，是为他们牺牲自己。

或者可以设想一个更为熟悉的例子——抚养儿女。当孩子还处在倚赖你的阶段，他们有许多需要，他们还不能自立。他们需要你的养育，不可能自动成长。养育他们从年幼到成年、从倚赖到自立，你基本上要放弃二十年左右的自主生活。比方说，他们年幼时，为了他们的智性成长，你教他们阅读，陪他们阅读。许多读给他们听的书，对你来说，都是无聊乏味的。他们有话对你说，你得听；他们有说不完的话，你就有听不完的话，而他们讲的那些事，并不真的有趣，能激发精彩的对话。

此外，你还得教他们穿衣、洗澡、吃饭，等等。而且，批评他们一次，你需要付上五次的肯定。你不牺牲自己的许多自由和时间，你的孩子不可能健康地长大，不可能羽翼丰满，自食其力。不幸的是，不少父母就是不愿意这样做。他们不想太多地麻烦自己，不想把自己的生命倾注在孩子身上，不愿牺牲自己。他们的孩子身体是长大了，但在情感上仍是孩子——缺乏、脆弱和倚赖。换一个角度想想：要么你牺牲自己，要么他们成为牺牲品。要么你暂时受苦，以救赎的方式受苦，要么他们受难，以悲惨的方式受难，以耗尽和毁坏的方式受难。这至少在部分意义上是由你决定的。

所有真正能改变生命的爱，都是替他人牺牲自己的爱。

还记得哈利·波特的母亲莉莉·波特吗？在《哈利·波特》系列小说的第一册中，伏地魔试图杀死哈利，但他不能触摸哈利。当伏地魔附身的恶棍试图捉拿哈利·波特时，他感受到极端的痛苦，导致他的计划受挫。哈利·波特后来去问他的导师邓布利多："为什么他不能碰我？"邓布利多回答说："你的母亲死了，她救了你……你母亲对你的爱的力量非常强大，留下了爱的印记。这印记不是一块疤痕，不是一个可见的记号……（而是）如此厚重深沉的爱……为我们留下了某种永久的保护。"[1] 为什么邓布利多的话很感人？因为无论是平凡还是非凡的生活经验都告诉我们，真爱的核心是舍己牺牲。那些帮助我们、对我们生活产生影响的人，无论是父母、老师、导师、朋友，或是配偶，都在一定意义上牺牲自己。他们介入我们的艰难，分担我们的重担，我们才不至于被困难打倒。

故此我们明白，这样一位神必须为人类牺牲自己——他比你我更有爱，他来到世上对付终极的恶、终极的罪。即使我们这些有缺陷的人都知道，你不能只是忽略邪恶。只是说"忘记它"，并不能应对、消除或治愈邪恶。对付邪恶必须付出代价，甚至是昂贵的代价。那么，我们当然更应该期望神能严肃地对付邪恶。债务必须偿还，但是，他的爱如此惊人，为了拯救你我，消除邪恶，他愿意代替我们牺牲自己。

这正是圣经所启示的神，与古老宗教中的神灵迥然有别。古代人明白什么是神灵的愤怒，他们也了解正义的观念，以及什么是债务和必要的惩处。但是，**他们绝对想不**

到，神会来到世上，自己为人付上代价。十字架是神替人牺牲自己的标记。这种代死的可能性即使历经千百万年，也不可能进入荷马的想象中，更遑论耶稣的门徒了。

耶稣拯救我们的唯一途径，是舍弃他自己的生命，成为我们的赎价。神不可能只是说，"我赦免所有的人"。在创造天地万有时，神可以说，"要有光"，然后就有了光；神可以说，"要有蔬菜"，就有了蔬菜；神可以说，"要有太阳、月亮和星星"，就有了太阳、月亮和星星（创1）。但是，神不能只是说，"要有赦免"，因为赦免根本就不是这样实现的。

神在瞬间创造世界，那是美丽的过程；他在十字架上**再**造世界——那是恐怖的过程。再造的过程就是这样。真正改变万有、救赎万有的爱，总是一种替代性的牺牲。

C.S.路易斯在《狮子、女巫和魔衣橱》中这样说："当一个无辜的受害者，心甘情愿代替一个叛徒被杀时，受害者的祭坛就会崩裂，死亡本身会开始退却。"[2]

卑微的祭物

你或许以为，此刻耶稣的门徒们已经明白了耶稣为何来到世上，以及他受苦受死的原因。毕竟耶稣多次告诉过他们——《马可福音》记载，"他坦白地说了这话"。但是，下面的故事显明，事实并非如此。雅各、约翰以及其他跟随耶稣的门徒，至少第三次听到耶稣说他将要受死。可没过多久，这两个门徒开始请求耶稣：

西庇太的儿子雅各、约翰，来到耶稣跟前，对他说："老师，我们无论向你求什么，愿你为我们作成。"耶稣说："要我为你们作什么？"（可 10：35 - 36）

雅各和约翰说："老师，我们无论向你求什么，愿你为我们作成。"这是开始祷告的好方法，不是吗？"哦，主啊，我谦卑地恳求，照我所说的为我成就。"耶稣和蔼地忍受他们的请求——他总是如此待人。"要我为你们作什么？"他问道。耶稣没有说，"嗯，你能再讲一遍吗？"或者说，"你竟敢如此对我说话？你知道我是谁吗？你知道你是谁吗？"他只是说："要我为你们作什么？"

他们说："在你的荣耀里，让我们一个坐在你的右边，一个坐在你的左边。"耶稣说："你们不知道你们求的是什么。我喝的杯，你们能喝吗？我受的洗，你们能受吗？"（可 10：37 - 38）

这兄弟俩要求，"在你的荣耀里，让我们一个坐在你的右边，一个坐在你的左边"。**他们脑袋里到底在想什么？**在他们心中，"你的荣耀"是指"当你坐在你的宝座上"；

坐在王左右的人，是左丞右相。约翰和雅各是在说，当你做王拥有权力时，我们要有高位，要成为你的内阁成员。他们的请求极具讽刺意味。耶稣最大的荣耀时刻是什么？耶稣在何处最能彰显神公义的荣耀？他在何处最深沉地显出神爱的荣耀？在十字架上。

当耶稣处于最大荣耀的时刻，的确有人在他左边和右边，但他们是被钉十字架的罪犯。耶稣对约翰和雅各说，**你们不知道你们求的是什么。**

耶稣对他们说到所要喝的杯和受的洗。希伯来文圣经中的**杯**几乎总是比喻神对邪恶的公义审判。同样，耶稣在这里以惯常用法使用**洗**字，指一种令人窒息的、全然沉浸其中的苦难经历。耶稣是在说："我要付那赎价，喝那苦杯，打通那阻隔。我要替所有人承受对罪恶的公义审判。我要被定罪处死，好让你们不被定罪。"但是，他们不明白。故事继续发展：

耶稣说："你们不知道你们求的是什么。我喝的杯，你们能喝吗？我受的洗，你们能受吗？"他们说："能。"耶稣说："我喝的杯，你们固然要喝；我受的洗，你们也要受。只是坐在我的左右，不是我可以赐的，而是神预备赐给谁，就赐给谁。"其他十个门徒听见了，就向雅各、约翰生气。耶稣把他们叫过来，对他们说："你们知道各国都有被尊为元首的统治他们，也有官长管辖他们。但你们中间却不要这样；谁想在你们中间为大的，就要作你们的仆役，谁想在你们中间为首的，就要作大家的奴仆。因为人子来，不是要受人服事，而是要服事人，并且要舍命，作许多人的赎价。"（可 10：38 - 45）

对于门徒们来说，这仍然是关于替代性牺牲的另一个功课。当我们读这一段经文时，我们不应当说："这群傻瓜怎么就是不开窍呢？"我们应当说："**我们**当下缺少的是什么？"

新约学者海斯（Richard Hays）对《马可福音》这段经文有过这样的研究：

> 马可对道德生活的认识深具讽刺意味。由于神的启示有着隐藏、颠覆和惊喜的特质，那些跟从耶稣的门徒们，发现自己对神的旨意总是一再地错解，（因此）在这里沾沾自喜或教条主义根本没有立足之地……如果这种叙事形成我们内心的感受力，那么我们学习到的功课，是不要太看重自己；我们会自我反省，并且接受神以我们未曾想到的方式彰显他的爱与权能。[3]

当你看到约翰和雅各的回应，意识到人领悟十字架内涵是何等困难时，你已经开始踏上领受谦卑这份礼物的旅途。你通常的臆测，你的骄傲，你的自我中心的思维方式，在某种程度上让你盲目不见真理。这方面的典型例子就是忧虑。如果爱一个人，你很自然地会为他担心。但是，你知道不断出现的忧虑从何而来吗？它的根源在于一种傲慢：**我知道自己的生活道路该怎么走，神对此并无助益**。真正的谦卑意味着放松自己；真正的谦卑意味着自嘲；真正的谦卑意味着自我反省。十字架把这样的谦卑带入我们的生命中。当耶稣看到他的门徒仍旧不明白他来到世上的原因时，就召聚他们，对他们说："你们知道各国都有被尊为元首的统治他们，也有官长管辖他们。但你们中间却不要这样。"耶稣在此是在说，大多数人都试图影响社会，为所欲为。他们想治理他人；他们寻求权力，操控一切。只要我拥有权力、财富和社会关系，我就能随心所欲。

当耶稣说"但你们中间却不要这样"，你认为耶稣是在说什么呢？他是在说，我们必须远离世界，与社会不相干？不，绝对不是。其实，他在这里奠定的原则，旧约圣经早就清楚地说过，比如《耶利米书》29章。当时，巴比伦帝国毁灭了以色列国，许多以色列人被掳掠到巴比伦。在被掳之地的他们对巴比伦社会应当持什么样的态度呢？他们可以明哲自保，远离巴比伦社会。他们也可以渗入社会，开展游击活动，夺取权力。但是，神是如何对他们说的呢？在《耶利米书》29：7，神说："我把你们掳到的那城，你们要为她求平安，为她向耶和华祈祷；因为她得平安，你们也得平安。"换句话说，我要你们寻求巴比伦的繁荣，我要你们使她成为伟大的城市，住在其中。我要你们服务你的邻舍——即使他们和你们语言不同，信仰不同。我要你们不仅仅是出于责任感才这样做。"为那城求平安"的另一种说法是"爱那城"。爱那城，为那城祷告，寻求她的繁荣，使她成为一个和平、美好的居住地。如果巴比伦因着你的贡献而繁荣，你也一定兴盛繁荣了。

神是说："对你来说，获取影响力的途径，不是获取权力。通过权力和管控取得的影响力，并不能真正改变社会，改变人心。我呼召你走一条完全不同的道路。对你周围的人，要有牺牲的爱，尽管他们与你的信仰不同。如此行，不久人们就会发现，那城不能没有你们。他们会信任你们，因为他们看得出，你们不只是为了自己，也是为了他们。当他们因着你们的服事和爱的吸引而开始真诚寻求你们的帮助时，你们就有了真正的影响力。那是他人给予你们的影响力，而不是你们从他人那里夺取的影响力。"谁是拥有如此这般影响力的模范？当然是耶稣基督。他如何回应他的敌人？他没有召来十二营天使与他们搏斗。相反，他为他们的罪而死，他在十字架上仍旧为他们祷告。如果居于你世界观中心的是一位为他的敌人而死的人，那么你在社会中赢得影响力的途径，只能是通过服事，而不是通过权力和管控。

在社会中赢得如此影响力，比想象的要困难。2007

年1月7日，《纽约时报杂志》有一篇有趣的文章，题目是《快乐101》。它描述的是**积极心理学**，心理学的一个分支，以经验科学方法寻求让人快乐的途径。研究者发现，如果你专心从事和获取让你快乐的那些事物，这并不能让你快乐，相反，会产生研究者称之为"享乐跑步机"的现象。你越是要获取快乐，你对快乐越是上瘾，对快乐的需要也就不断增长，需要不断增加快乐计量。事实上，你永不会满足，也不会真正觉得快乐。根据这篇文章的描述，科学研究表明，加添你快乐的最佳途径，是从事无私的慈善活动，全身心去帮助那些有需要的人。研究者们的主要目的是要表明，"有些生活方式（研究者证明）可以带来更好的结果"，其中包括"更亲密的人际关系和爱""幸福"以及"有意义、有目标的生活"。

研究者指出，当你过一种无私舍己、服事他人的生活时，一种意义感、价值感、生命的重要感便会翩然临到你的心中。文章作者很自然地主张，你应当过这样的生活，才能获取那些"更好的结果"。换言之，作者是在鼓励读者过一种无私的生活，因为那种生活让你快乐——不是因为你非做不可，也不是如此做才是道德的。事实上，研究者说，"我从没有使用过**道德**这个词"。

但是，你看到这里的悖论吗？如果过一种无私生活，主要是想让自己快乐，那实际上仍旧是过一种自私的生活，而不是无私舍己，对他人施以善行。我帮助他们在最终意义上是为了我自己。这样，我就助长了我的自私，因为我过一种无私生活，实质上是出于自私的缘由。这是矛盾的。

因此，我们或许如此回应：过一种无私生活的唯一方式，是竭力成为有道德的人。但是，这也不会产生真正的无私。在《快乐101》这篇文章发表几周之前，《纽约时报杂志》发表了生命伦理学家辛格（Peter Singer）的一篇文章，论到为什么亿万富翁应当捐出他们的财富，其中有一段关于"宗教动机"的内容。辛格注意到，有信仰的人捐献财物，因为他们觉得应当如此，他们这样做是因为他们相信神会祝福他们，他们会上天堂。我并不认同文章的大部分内容，但是我喜欢他在文章中指出：**这样做是自私的**。当你决定捐献财物、帮助穷人，目的是让自己上天堂，你就与那些主张积极思维的心理学家陷入同样的悖论之中。你无私地分享，是因为有利可图——在这里是指有永恒的益处。在此，你出于自私的因由，过一种无私的生活，这是永远行不通的。

早在辛格之前，身为神学家、传道人的爱德华兹（Jonathan Edwards）就在《真美德的本质》（*The Nature of True Virtue*）一书中讨论过这个问题。他说，如果你不信恩典的福音，只相信靠自己的功德善行得救，那么你绝对不会为了爱他人而行善，也不会因为善行本身之美而行善。你行善，是为了你自己的益处。你帮助老太太过马路，不会纯粹是为了这老太太本身的缘故，或者最终是为了神的缘故。你这样做，是因为之后你可以看着镜子里的自己，知道你就是帮助老太太过马路的那个人，你由此期望有一天能上天堂。这太自私了。如此善行将会成为你的苦轭，而且，你会由此相信你比他人强，生发道德上的优越感。

那么，我们如何能逃避这一以自我为参照的陷阱，真正成为无私的人？如果世俗主义、心理学和相对主义，以及宗教和道德主义，都不能为我们提供成为无私之人所需要的东西，那么究竟什么能提供呢？答案是，我们需要在自身之外寻找。我们需要仰望耶稣。如果他确实为我们的罪受死，为我们的罪付上赎价，如果他已经向我们这颗小小的、没有安全感且又善变的心证明，我们值得他付出一切，那么在他里面我们就拥有所需要的一切。这完全是因恩典而来的礼物。我们行善，目的不是获取救恩，与神相连，也不是让我们自我感觉好一些。当我们认识到耶稣为何为我们而死，以及他是如何地爱我们时，就明白透过这些善行带来的自我形象的些许提升实在算不了什么！如果真正明白十字架，你会带着喜乐谦卑的心进入世界。你不是**需要**帮助人，而是**想要**帮助人，因为你要效法那位如此爱你、为你付上生命的耶稣，你要讨他喜悦。至于你是否认为他们值得你服事，这不重要。只有福音才能给予你活出无私之爱的动机，同时又不会夺去你因无私舍己而得着的益处。

敬虔主义者亲岑道夫伯爵（Nicholas von Zinzendorf，1700－1760）生于权贵家庭，是德国摩拉维亚教会的创立者之一。他倾尽钱囊，施慈布善，数年如一日，为他人牺牲自己。为什么？究竟是什么原因促使他倾倒自己？十九岁那年，为了完成学业，他访问一些欧洲的主要大都市。有一天，他造访杜塞尔多夫（Düsseldorf）艺术画廊，看到费提（Domenico Feti）的画作《瞧！这个人》（*Ecce homo*），心灵受到强烈震撼。那是一幅耶稣头戴荆棘冠冕受难的画像，[4] 在画像下方画家题了一行字。这些题字可能也是耶稣对我们每个人说的："我为你成就了这一切，你为我做了什么呢？"

第 13 章

圣殿

　　他们走近耶路撒冷，到了伯法其和伯大尼，来到橄榄山那里，耶稣派了两个门徒，对他们说："你们往对面的村子里去，一进去，就会看见一头小驴拴在那里，是没有人骑过的，把它解开牵来。如果有人问你们：'为什么这样作？'你们就说：'主需要它，并且很快会送还到这里来。'"门徒去了，就发现一头小驴，拴在门外的街上，就把它解开。站在那里的人有的问他们说："你们为什么解它？"门徒照着耶稣所说的话回答他们，那些人就让他们牵走了。门徒把小驴牵到耶稣那里，把自己的衣服搭在上面，耶稣就骑了上去。许多人把衣服铺在路上，还有人从田野里砍了些树枝也铺在路上。前行后随的人都喊着说："'和散那'，奉主名来的是应当称颂的！那将要来临的，

我们祖先大卫的国是应当称颂的！高天之上当唱'和散那'！"（可 11：1－10）

　　耶稣骑着驴驹进入耶路撒冷时，人们在他面前把自己的衣服铺在地上，欢迎他，为他欢呼，认为他是从大卫家族而来的君王。在当时那种文化中，这类游行集会是合适的：君王骑马进城，众人欢呼雀跃。但是，耶稣有意与众人所设想的保持距离。他没有像一个君王那样骑着高头大马，而是骑着一头**小驴驹**。我们看到的耶稣基督，是有权柄、有大能的君王，他不是骑马进城，而是骑着一头小小的驴驹，那种只适合儿童或霍比特人骑的小驴驹。由此，耶稣让人知道，他是先知撒迦利亚所预言的那位要来的弥赛亚：

　　锡安的居民哪，要大大喜乐。耶路撒冷的居民（"居民"原文作"女子"）哪！应当欢呼。看哪！你的王来到你这里了，他是公义的，是得胜的。他又是温柔的，他骑着驴，骑的是小驴。（亚 9：9）

　　这个看起来有些奇怪的画面，是要表明耶稣是君王，但又不是世界所想象、所描绘的那种君王。他有威严，也有温柔。爱德华兹有一篇极重要的讲章，是在 1738 年写作并传讲的，题目是"基督的卓越性"（The Excellency of

Christ)。《启示录》5：5-6中约翰看到的一个异象抓住了爱德华兹的想象力："长老中有一位对我说：'不要哭！看哪，那从犹大支派出来的狮子，大卫的根，他已经得胜了，他能够展开那书卷，拆开它的七印。'"约翰被告知去看一头狮子，但在宝座上的却是一只羔羊。由此，爱德华兹默想到：

狮子的外形和声音威严有力，而羔羊则温顺忍耐……（牺牲）成为食物……和……衣服。但是，我们看到，经文中基督既被比喻为狮子，又被比喻为羔羊，因为在基督身上有着多样的卓越性……如此多样卓越性的结合，在基督之外的任何对象身上都是绝对不相容的……[1]

爱德华兹继续详细地列出耶稣基督身上似乎相互冲突的各种特质。在耶稣身上，有着无限的威严，也有完美的谦卑；有着完全的公义，也有无尽的恩典；有着绝对的主权，也有彻底的顺服。他完全自足自有，却又完全信靠倚赖父神。

但是，这些极端不同的特质在耶稣基督身上没有导致精神和情感的分裂。耶稣的人格是一个完美的整体。让我们看看这位大君王骑着小驴驹进入耶路撒冷，在那里所做的一切。

打开圣殿

当耶稣抵达耶路撒冷，进入圣殿，事情变得有点复杂了。马可记载：

耶稣到了耶路撒冷，进入圣殿，察看了一切，因为时候已经不早，就和十二门徒出城往伯大尼去。第二天……他们来到耶路撒冷。耶稣进了圣殿，就把殿里作买卖的人赶走，又推倒找换银钱的人的桌子，和卖鸽子的人的凳子；不许人拿着器皿穿过圣殿。他又教训众人说："经上不是写着'我的殿要称为万国祷告的殿'吗？你们竟把它弄成贼窝了。"祭司长和经学家听见了，就想办法怎样除掉耶稣，却又怕他，因为群众都希奇他的教训。（可 11：11 – 12，15 – 18）

马可提到耶稣"进入圣殿"。为什么这一记载很重要？当你跨入圣殿，首先进入的是外邦人的院，亦即 ethne（万国院），那是非犹太人可以进入的区域，也是圣殿中范围最大的一部分。只有穿过外邦人的院，才能到达圣殿的其他地方。圣殿中所有买卖交易活动都在这里进行。当耶稣进入圣殿时，他立刻就能看到人们成群结队，在几十个摊位前，买卖牛羊鸽子，兑换银钱。成千上万的人涌进耶路撒冷，他们带去的或者在那里购买的祭牲，数量何止千万。那是什么样的场面啊！古代历史学家约瑟夫告诉我们，每年仅逾越节一周，在圣殿院中就有二十五万五千只羊被买卖献祭。[2] 你可以想象，即使没有牲畜，仅仅兑换银钱的场景就是何等喧闹、嘈杂、混乱！可是，这里原本应当是外邦人安静、反思、祷告寻求神的地方。

耶稣推倒那些买卖牛羊、兑换银钱的摊位桌子。想象在场的那些领袖们惊慌失措地跑到耶稣面前："怎么回事？你为什么要这样做？"耶稣引用先知以赛亚的话回答，"我的殿要称为万国祷告的殿。"换句话说，我的殿是外邦人用来祷告的殿。那些听见耶稣话的人觉得惊讶。为什么？犹太人都相信，当弥赛亚来临时，他要洁净外邦人的殿。但是，这里耶稣却**为了**外邦人洁净圣殿，作为外邦人的中保。[3] 在我们今日多元文化的社会中，人们当然更喜欢耶稣这种行动。但是，耶稣的行动比我们想象的更具有颠覆性。他在挑战整个祭祀体系，宣告说，外邦人——异教徒，不洁净的外邦人——现在可以直接向神祷告了。这太令人惊讶了，因为他们知道会幕和圣殿的历史。

圣殿的历史可以追溯到伊甸园。那最古老原始的园子就是一个圣殿，是神与人同在寓居的地方。那是乐园，不论死亡、扭曲、邪恶、瑕疵都不可能与神的同在并存。在神的同在中，有平安（shalom），全然的昌盛繁荣、满足、喜乐和至福。但是，当亚当和夏娃决定把他们的生活建基于神以外的其他东西上，使之成为他们追求的终极意义和目的时，乐园就失落了。当亚当和夏娃被逐出神的圣所，他们转过身来，看到"旋转发火焰的剑"（创3：24）拦阻他们回到神的同在之中。从此，没有任何人能避开那发火焰的剑，重返伊甸园，回到神的面前。

悖逆远离神有着致命的后果。把我们的生命建基于其他东西——权力、地位、赞誉、家庭、种族、国家——上的结果，是冲突、战争、暴力、贫穷、疾病和死亡。人们相互践踏，并且践踏人类赖以存活的地球。这意味着，仅仅说一声"对不起，请让我回到神的同在中"是不够的。如果你是滔天罪行的受害者，经受暴力之苦，而那罪犯（甚至那审判官）对你说，"对不起，我们就让这件事过去吧"，你会怎么说？"不可能。那样做不公平。"你拒绝对方的要求是正当的，这与苦毒报复无关。他人干犯你，严重地伤害了你，你知道对方仅仅说声"对不起"是不够的。还要做某些事——必须付上昂贵的代价，才能成就公义。

发火焰的剑，是永恒公义的剑，没有付上足够的代价，它不会收回。不从那发火焰的剑下通过，不为所犯的罪付上代价，没有人能重返伊甸园，进入神的同在。可是，谁能从剑下逃生？无人可逃。如果无人能从剑下逃生，那么我们又如何能回到神的同在之中？

尽管神先是通过会幕，然后通过圣殿，[4] 为他选民以色列人提供了临时的解决方案，但是问题仍旧存在。圣殿中央是至圣所，空间不大，由厚厚的幔子罩着，人不可进入神荣耀的同在。我们必须记住，人不能直接面对神的临在，那对人是致命的，是人无法承受的。所以，每年只有一次，就是在赎罪日这一天，大祭司才能进去一会儿，而且必须带着带血的祭物。为什么？因为不通过那发火焰的剑，没有人能够返回神的同在之中。即使大祭司带着带血的祭物进入至圣所，那也勉强只是一种象征，象征必须要有的真正的救赎工作。而且，那种献祭的效用极其有限，只限于犹太人，不可能延展到我们这些非犹太人。不论是会幕、圣殿，还是整个祭祀体系——唯一能通过那发火焰之剑、有限地进入神同在中的途径——全部是为以色列人预备的。因此，当耶稣引用先知以赛亚的话，指出外邦人也可以靠近神，进入神的同在时，犹太人惊讶不已。

旧约先知不断预言，当日子到了时，神的荣耀要充满大地，如同大水充满海洋。换言之，整个世界要成为至圣所，要再次被神的荣耀同在充满。万国、万族，不分背景，不论阶级，都被欢迎进入那荣耀的同在。

何等美好的预言！但是问题仍然存在：他们如何通过那发火焰的剑？

《以赛亚书》已经有了答案，尽管大多数人意识不到。《以赛亚书》53：8关于弥赛亚的预言说，"他要从活人之地**被剪除**"。在《启示录》中，当约翰看到天上的宝座，看到那整个宇宙终极权能的所在时，为什么看到的是一只被杀的羔羊？因为在宇宙历史中，耶稣基督这位神的羔羊为人受死是最伟大、最辉煌的胜利。当耶稣从那发火焰的剑下经过时，那剑刺透了他的身体，但同时也摧毁了它自己。著名的清教徒作者欧文称之为"在基督之死中死亡之死"（the death of Death in the death of Christ）。[5] 耶稣基督为你我承担了那发火焰之剑所带来的痛苦和死亡。这就是为什么当耶稣在十字架上受死时，至圣所中的幔子从上到下裂为两半（可 15：38）。基督的死不仅裂开了那幔子，而且使得那幔子不再成为必要了，从此，我们都可以来到神面前，进入他的同在。那发火焰的剑杀死了它的牺牲者，殿里的幔子裂开了，返回伊甸园的道路再次被永久性地打开了。

耶稣在圣殿里推倒那些桌子，他的愤怒是有权柄的、公义的，不是恣意失控的。他的愤怒让人惊讶。但是，真正令人震惊的，是他翻转了整个圣殿祭祀体系，为每个人打通了可以进入神荣耀同在的道路。

洁净圣殿

事实上，耶稣至少有两次造访圣殿。刚到耶路撒冷时，他短暂访问圣殿，然后与门徒们在离城数里的伯大尼过夜。第二天他们返回耶路撒冷，再次进入圣殿（耶稣推倒桌子是在这一次）。在他们进城的路上，马可记载了下面发生的事：

第二天他们从伯大尼出来，耶稣饿了。他远远看见一棵长满了叶子的无花果树，就走过去，看看是否可以在树上找到什么。到了树下，除了叶子什么也找不着，因为这不是收无花果的时候。耶稣对树说："永远再没有人吃你的果子了！"他的门徒也听见了。（可 11：12 - 14）

我必须要指出，从表面看，这样的记载看起来对耶稣不利。不少人难以理解耶稣对无花果树的态度。不是收无花果的季节，在树上找不到无花果，就咒诅它，这合理吗？耶稣是不是脾气不好，要求无理？但是，仔细考察这段经文就会发现，这里与脾气无关。

生长在中东的无花果一般会结两种果子。当春天树叶开始发长，无花果结实之前，树枝上会结出许多小球状物，又多又好吃。行路的人喜欢摘下这些小果实，在路上吃。如果你发现一棵无花果树枝繁叶茂，上面却找不到这样的小果实，这树一定有问题。从远处看，郁郁葱葱，似乎很好，但如果它上面没有这些小果实，那么这棵树要么有病，要么树根正在死亡。不结果子是树朽烂的标记。耶稣在此只是宣告这棵树的事实而已。我们应当记住，这件事发生在他首次进入圣殿和第二天再次进入圣殿之间。耶稣抓住这个机会，以无花果树为视觉教材，私下教导门徒不要忘记，空洞的宗教虔诚是无益的。

那么，如此教导究竟意义何在？耶稣发现那棵无花果树没有结出该结的果实。无花果树是极好的比喻，用来比喻以色列人，也比喻所有自认是神的子民却又不能为神结果子的人。耶稣回到圣殿，那是宗教事务极为繁忙的地方，如同今天许多教会一样：各样事工、各种事工委员会、各样的喧哗、各样的人来人往、各种买卖交易。但是，繁忙中却没有真正的敬虔，没有人在那里真正祷告。我们可以做不少外表看来具有真实信仰特征的事，但我们的心却没有多少实质性改变。我们可以忙碌地投入教会各种事工中，却没有内在真正的改变，也没有真心实意地去关爱他人。

那天稍后，耶稣就会洁净圣殿，除去那些不结果子的各种活动。他私下以无花果树为比喻教导门徒，又把那教导转化为一场必要的公共事件。耶稣通过公开洁净圣殿向人们宣告，他所需要的不只是各种繁忙的活动，而是蒙救赎的心灵中才能产生的那种生命性情的改变。如果你是一个焦虑不安、缺乏耐心的人，那么你身边的人现在能否看得出来，你正在克服它？如果你是一个脾气暴躁、难以饶恕他人的人，那么你是否已经开始抑制你的怒气？是否正在默默付上饶恕的代价？如果你是一个内心恐惧、自我恨恶的人，或是自我张扬、自我膨胀的人，那么那些真正了解你的人是否很清楚地看到，你的性格正在经历极大的转变？抑或你只是忙于各种宗教活动而已？

爱德华兹在那篇有关耶稣特质的讲章末了说道，那些在耶稣身上展现出来的各种不同的生命特质，在通常情形下根本不可能在一个人身上整合起来，**但如今可以重整在你的生命中，因为你与耶稣基督同在**。你不仅仅正在成为一个更友好的人，越来越自我节制的人，或是有更高道德标准的人，而是耶稣基督——那位骑着驴驹进入耶路撒冷，洁净圣殿并大声宣告"这是我的殿"的君王——的生命和特质正被复制在你的里面。你正在成为一个更完全的人，一个合乎神创造心意的人，成为一个被基督重价赎回者应当要成为的人。

关于这一切，还有最后一件很反讽的事。耶稣将如此明显、极其不同的特征统合为一个平衡的整体，他要求我们每个人也要有同样的生命重整。故事中他处处都在要求我们行动，结出果子。他向每个人打开他国度的大门，却又警告那些最为敬虔的信徒，白白站在国度里却不结果子是危险的。耶稣在这里永久关闭了其他可能性的大门——除非结果子，别无他途。在去医治一个小女孩的路上，众人拥挤他，那个患血漏的女人触摸他，他觉得有能力从自己身上出去。那位似乎会被削弱的基督，在这里却又是让你不敢移开视线的基督。（我们无法完全明白耶稣自我限制的真正深度，也不能完全明白他权能的真正极致。）

基督同时是安息，也是风暴；同时是那火焰剑的牺牲者，也是火焰剑的持有者。你必须在此基础上，要么接受他，要么拒绝他；要么杀死他，要么尊崇他。你不能只是说，"这个人真有趣！"发生在圣殿这一幕的末了，那些经学家开始密谋要杀死耶稣。他们对耶稣的认识完全错误，但是，他们对耶稣的反应却非常合理。

耶稣不是可有可无的，请不要把他放在你生命的边缘。他不能在你的生命中处于那样的位置。把你自己交给他，以他为你生命的中心，通过他的权能让他的特质重现在你的生命中。

第 14 章

筵席

　　对古代犹太人来说——如今的犹太人也同样——一年一度的逾越节筵席是为了记念以色列历史上一个决定性的时刻。在基督降生一千多年前，以色列人在埃及作法老的奴隶，悲惨困苦，无法脱身。神用多种灾难击打埃及，迫使法老放松对以色列人的压制。多次击打之后，有一天晚上，神拔出公义之剑，发出最后的击打。这公义之剑应当落在**每个人**头上。它不能仅仅因为他们是犹太人而"越过"他们。在埃及的每个家庭——无论是犹太人，还是埃及人——都将有人死于愤怒的公义之剑。逃避死亡的唯一途径，是相信神所提供的牺牲之法。换句话说，你必须宰杀一只羔羊，把羔羊的血涂在门上作为信靠神的标记。那天晚上，每个家庭都有一个孩子或是一只羔羊死亡。当公义降临时，要么它临到你的家庭，要么你被羔羊的血遮盖，让羔羊代替你而死。如果你接受这个藏身之处，死亡就越过你，你就得救了。这就是"逾越节"的由来。你得救仅仅是因为你相信了羔羊的代赎牺牲。

神就是这样拯救以色列人，带领他们脱离奴役，迈向自由，进入应许之地。每一年的逾越节筵席都是为了记念神的拯救（被称为"出埃及"），这一直是以色列民作为一个国家与作为一个民族生活中最重要的时刻。

尽管如此庆祝记念令人难忘，且富有戏剧性，但它给我们留下了一个挥之不去的问题：**为什么牺牲一只毛绒绒的小羔羊就能让你免于公义的愤怒？**答案就在耶稣和他的门徒们庆祝逾越节时所发生的事中。马可记载：

除酵节的第一天，就是宰杀逾越节羊羔的那一天，门徒问耶稣："你要我们到哪里去，为你预备逾越节的晚餐呢？"他就差派两个门徒，对他们说："你们到城里去，必有一个拿着水瓶的人，向你们迎面而来，你们就跟着他，无论他进入哪一家，你们要对那家主说，老师说：'我的客厅在哪里？我和门徒好在那里吃逾越节的晚餐。'他必指给你们楼上一间布置整齐、预备妥当的大房间，你们就在那里为我们预备。"门徒出去，进了城，所遇见的正如耶稣所说的，就预备好了逾越节的晚餐。（可 14：12 - 16）

逾越节筵席以某种方式准备，并且形式独特。它包括四个步骤。每一个步骤筵席主人都要起身，拿起一杯酒，解释筵席的意义。四杯酒代表神在《出埃及记》6：6－7对以色列人的四个应许：救他们离开埃及，脱离奴役进入自由，神大能的救赎，以及与神重新建立关系。第三次举杯是当晚筵席接近尾声的时候，主人会用《申命记》26章中的话语，为桌子上的饼、菜和羔羊肉祝谢，解释这些东西如何象征性地让人想起早期以色列人的被困和得救。比如，主人向大家展示桌上的饼，说："这是我们祖先在旷野艰难困苦中所吃的无酵饼。"

耶稣是这次逾越节筵席上的主人，马可记载了耶稣第三次举杯时所发生的事：

他们吃的时候，耶稣拿起饼来，祝谢了，就擘开，递给门徒，说："你们拿去吃吧，这是我的身体。"又拿起杯来，祝谢了就递给门徒，他们都喝了。耶稣说："这是我的血，是为立约的，为许多人流出来的。我实在告诉你们，我决不再喝这葡萄酒，直到我在神的国里喝新酒的那一天。"（可 14：22－25）

当耶稣拿起饼和杯祝谢，解释它们的象征意义时，门徒们震惊了，因为耶稣的解释不同于犹太人代代相传的说法。他拿起饼来，说，"这是我的身体"。那是什么意思呢？耶稣是在说，"这个饼代表**我的**受苦，**我的**受难，因为我要在终极意义上带领你们出埃及，带领你们脱离捆绑，得着终极的拯救。"

在古代，当某个人说，"我不再吃或喝这个，直到我……"，那实质上是在发誓。比如，《使徒行传》23 章，那些恨保罗的人说，他们不吃不喝，直到杀死保罗为止。这有点像我们说，"即使杀了我，我也要这样做"。但是，在圣经时代，这是一种誓言，极为严肃，并以血为凭据、记号。这样的誓言，意味着在你和他人之间立约——一种庄严的义务关系。这如同签下一份合约。但是，立约和印封时需要宰杀一只动物，将其劈成两半，并从中间走过，这个誓约才算完成。甚或有时候在做出承诺时，需要放动物的血，并且把血洒在自己身上。在我们看来，这太血腥，令人恶心，但是，这些做法是在宣告："如果违背承诺，我愿意流血身亡，被劈成两半。"这是一种极为生动形象的立约方式。请注意耶稣举起杯来时所说的话：

> 又拿起杯来，祝谢了就递给门徒，他们都喝了。耶稣说："这是我的血，是为立约的，为许多人流出来的。我实在告诉你们，我决不再喝这葡萄酒，直到我在神的国里喝新酒的那一天。"（可 14：23 - 25）

耶稣的话意味着，他替我们受死牺牲的结果，就是建立神与我们之间的新约。他的血是这种关系的基础："我立约的血"。当他宣告，他不再吃这饼喝这杯，直到他在神的国中遇见我们的日子时，他是在向我们应许，他是信实的，他的承诺是无条件、永不改变的："我要带领你们进入天父的国度，我会带你们参加君王的筵席。"耶稣常常把神的国比喻为参加一个盛大筵席。在《马太福音》8章，耶稣说："我告诉你们，必有许多人从东从西来……在天国里一起吃饭。"耶稣应许我们要在他国度的盛筵中与他一同坐席。

耶稣拿起饼和杯，说，"这是我的身体……这是我的血"，借着这简单的动作和简短的话，耶稣实质上是在对我们说，先时的那些拯救，那些牺牲，逾越节的羔羊，都是指向他自己。在神用羔羊的血拯救以色列人脱离埃及奴役的前夜，以色列人守逾越节；同样，在神通过耶稣的血拯救世界脱离罪和死亡的前夜，他们在吃逾越节的晚餐。

主菜

耶稣与门徒的最后晚餐，还有另一方面，也与犹太人代代相承的庆祝方式不同。当耶稣站起来为食物祝谢时，他拿起饼来。所有的逾越节晚餐，都不能没有饼；耶稣也为杯祷告祝谢，所有的逾越节晚餐，同样不能没有酒。但是，四福音书均没有提到逾越节餐桌上的一道主菜，那就是逾越节的羔羊。逾越节晚餐当然不是全部素食。没有羔羊，怎能庆祝逾越节？**餐桌上**没有羔羊肉，因为神的羔羊就在那**桌子边**。耶稣就是那道主菜。这也是为什么施洗约翰一看到耶稣就说："看哪，神的羊羔，是除去世人的罪孽的！"（约1：29）这也是为什么在《以赛亚书》53章，先知以赛亚如此预言弥赛亚说：

> 耶和华却把我们众人的罪孽，都归在他身上。他被虐待，受痛苦的时候，他并不开口。他像羊羔被牵去屠宰……因为他把自己的性命倾倒，以致于死。他被列在罪犯之中。（赛53：6-7，12）

在《马可福音》中，当耶稣说"这是我的身体……这是我的血……为许多人流出来的"，他的意思是：**我就是先知以赛亚和施洗约翰所说的那位。我是神的羔羊，是旧约中所有被献为祭的羔羊所指向的那只羔羊。我是除去世人罪孽的那只羔羊。**

耶稣在十字架上担当了**我们**原本该受的。他背负了全世界的罪孽、过犯和破碎。因为他爱我们，为我们承担神的公义审判，如此，神的愤怒审判才能从我们身上永远逾越过去。

这里所显明的，是世上所有的爱——所有真正触动生命、改变生命的爱——都是替代性的牺牲。除非替代对方牺牲自我，否则你绝不可能爱一个心灵破碎的人，爱一个被罪折磨的人，爱一个悲痛伤心的人。前几章，我已经提到一些例子，这里再举几个例子。

比如说，你是高中时班里最酷的学生之一。有个同学令人讨厌，没有人喜欢她。她被疏离孤立。你试图接近她，要成为她的朋友。然而，其他很酷的学生来到你面前，对你说："你跟**她**待在一起干什么？"这里所发生的是，那人身上某些令人讨厌的东西正在临到你的身上。如果你继续和她待在一起，你就越来越不酷，越来越不受欢迎了。除非你进入她的孤立，让她的某些孤立临到你的身上，否则你不可能消减她的孤立。

再举一个例子。几年前，我在《国家地理杂志》上读到，黄石国家公园发生森林火灾之后，护林员开始翻山越岭，调查火灾带来的损坏情况。一个护林员发现一只鸟被火焚烧，只剩下焦黑如同化石的外壳，被埋在灰烬中，蜷缩在一棵树的根部。护林员看到这可怕的景象觉得很不舒服。他用棍子拨拨那只鸟，竟然有三只雏鸟从它们死去的母亲翅膀下钻了出来。很显然，森林大火临到时，母亲没有逃走，而是坚定地留下来。由于母亲甘愿受死，那些在她翅膀下的小鸟才得以存活。耶稣说："耶路撒冷啊，耶路撒冷，你杀害先知，又用石头把奉派到你那里的人打死。我多次想招聚你的儿女，好像母鸡招聚小鸡到翅膀底下，只是你们不愿意。"（路 13：34）神的爱也是如此。

耶稣耗尽自己的生命，把耶路撒冷的儿女聚集在他的翅膀下。可见所有能够真正改变生命的爱，都是昂贵的，都是替代他人牺牲自己。

最后一道菜

路加在描述最后的晚餐时，记载了一些耶稣所说的话。他这样写道：

他拿起饼来，感谢了，擘开递给他们，说："这是我的身体，为你们舍的，你们应当这样行，为的是记念我。"（路22：19）

耶稣是在说，为了记念他，门徒们以及任何相信耶稣的人，都要一起吃这饼，喝这杯。称这样的活动为"主的晚餐"（林前11：20），原因相当清楚。但是，它又被称为"主的筵席"（林前10：21）、"祝福的杯"（林前10：16）和"擘饼"（徒2：42）。在主的晚餐上，那饼被擘开、给予和吃下，是记念基督的身体在十字架上为我们的罪而摆上、破碎。所倒出来的酒，是记念基督的血在十字架上为我们的罪而流出。因此，我们领受饼和杯，是记念耶稣的牺牲和替我们受难受死的爱。

当年在埃及的第一个逾越节晚餐当然是真实的晚餐。

仅仅宰杀羔羊，把血涂在门框和门楣上是不够的，还必须要吃下羔羊的肉，让羔羊的肉成为我们生命的养分。同样，在主的晚餐上，你自己要吃下基督，让基督的死"进到"你里面。马可写道：

> 他们吃的时候，耶稣拿起饼来，祝谢了，就擘开，递给门徒，说："你们拿去吃吧，这是我的身体。"（可14：22）

耶稣说，"你们拿去吃吧。"他让我们知道，我们必须**拿着**他为我们所成就的，必须积极主动接受他的自我牺牲。教会圣餐礼中传递饼杯时，主礼人会说："你们要凭着信心领受基督的身体。"除非吃下并消化食物，否则得不到食物的营养。你面前的食物堆积如山，所有的菜肴烹调精致，色香味俱全，但如果不动口吃，仍旧会饿死。要汲取食物的营养，你必须**吃下食物**。如果你自己不愿意拿起食物吃下，准备再好的食物也对你无益。当我们拿着吃，就如同在说，"基督无条件地爱我，这是我需要的真正食物。"

主的晚餐上的"食物"提醒我们，除非基督呼召我们与他建立亲密的个人关系，否则没有人能明白和领受基督之死所带来的益处。与某个人享用一顿饭食——尤其是在耶稣所定的地点和时间——这实质上是表明了一种关系。

耶稣在这里是对我们说，如果要领受他完全的、替我们的罪受难受死所带来的益处，我们必须与他建立一种个人关系。

这些"食物"还告诉我们一些事情。犹太人是与家人一起庆祝逾越节，享用筵席。逾越节是家庭筵席。那么，为什么耶稣要门徒离开他们的家人，组织另一个与他们共享的逾越节晚餐？因为耶稣要建立一个全新的家庭。当你与弟兄姊妹一起成长，你们之间就有了一条强有力的爱的纽带。你与他们同风雨，共患难，与他们有着许多常人所没有的共同经历。在《马可福音》开头几章里，耶稣已经说过，"凡遵行神旨意的，就是我的弟兄姊妹和母亲了。"（可3：35）有一位作者写道："基督徒们形成一个爱的共同体，不是因为教育背景相同，种族相同，经济收入相同，也不是因为国籍相同，语言相同，职业相同，或者有其他类似之处。基督徒能凝聚在一起……是因为他们都蒙受耶稣基督的拯救……因着耶稣的缘故，天然为敌的人，如今能彼此相爱。"[1]当你领受圣餐时，你不是独自一人，而是与弟兄姊妹——亦即你的家人——一起领受。如此爱的纽带改变了人们的生命，形成彼此合一的稳固基础，犹如在同一个家庭中同生共长的家人一般彼此相爱。

最后，主的晚餐还涉及更美的事，它指向我们与基督共享盛筵的未来。当耶稣主持逾越节晚餐时，他用两句话告诉门徒们接下来世界的故事。"这是我的血，是为立约的，为许多人流出来的。我实在告诉你们，我决不再喝这葡萄酒，直到我在神的国里喝新酒的那一天。"（可 14：24 - 25）他的意思是说，这逾越节晚餐是未来终极盛筵的条件和保证。耶稣这么说，是要告诉我们，接下来三天所发生的事与它们在终极未来的完全成就之间，有着必然的联系。

耶稣的话令人想起旧约先知们有关未来国度的惊人预言。《诗篇》96：12 - 13 说："愿田野和其中的一切都欢乐，那时林中的一切树木都必欢呼。它们都要在耶和华面前欢呼，因为他来了；他来要审判全地。他要按着公义审判世界，凭着他的信实审判万民。"《以赛亚书》55：12 说："你们必欢欢喜喜出来，平平安安蒙引导；大山小山都必在你们面前发声欢呼，田野所有的树木也都拍掌。"

如果你把种子埋入一盆土里，放在黑暗中，远离阳光，那些种子就会一直处于休眠状态，它们的潜能无法得到发挥。如果把它们放在阳光下，那些潜藏在种子内部的生命力就会绽放出来。圣经指出，这个世界上所有的一切——不仅仅是人，还有植物、树木、石头——都处于蛰伏状态。今天所有这些生命的呈现形式，只是它们在创造主面前曾经有过的、可能有的以及将来必有样态的影子。当神羔羊主持那终极盛筵、神同在的荣耀再次覆盖全地时，树木和山岭将要拍掌雀跃，生机勃发。如果在未来的国度中，树木和山岭都会拍掌欢呼，想象一下你我在神的国度中会怎样做呢！

主的晚餐让我们预尝未来，虽然只是一点点，却是真实的。

可以设想，你身处第一个逾越节刚刚过去的埃及，你问那时的以色列人："你是谁？这里发生了什么事？"他们会说："我们曾经是奴隶，被判死刑。但是，我们因着羔羊宝血的庇护，逃脱了那奴役和死亡。如今神在我们中间，我们跟从他，正迈向那应许之地。"这正是一个基督徒如今要说的话。如果你相信耶稣基督为你的罪受难牺牲，当你坐在神所应许永恒国度盛筵中的那日，你心中最深的渴望将得着完全的满足。

第 **15** 章

苦杯

　　古希腊和罗马人为我们留下了许多英雄和领袖面对死亡的故事。这些人在他们生命的最后时刻，都能保持镇定冷静。苏格拉底被判死刑，行刑的方式是要他喝下毒药。他的跟从者围在他的身边，他冷静地讲着具有讽刺意味的俏皮话。相比之下，在《马加比一书》《马加比二书》这类犹太文献中，当作者描述那些犹太英雄和领袖面对死亡时，并没有把他们塑造成像希腊人那样冷静漠然。相反，这些犹太人满腔热血，不惧死亡。当迫害者把他们押赴刑场，锯成碎块时，他们开口赞美称颂神。但是，在《马可福音》关于耶稣面临死亡的最后几个小时的描述中，我们看到的却是截然不同于这些传统（事实上是所有古代文献）的画面。

他们来到一个地方，名叫客西马尼；耶稣对门徒说："你们坐在这里，我去祷告。"他带了彼得、雅各、约翰一起去，就惊惧起来，非常难过。于是对他们说："我的心灵痛苦得快要死了；你们要留在这里，也要警醒。"耶稣稍往前走，俯伏在地上祷告：如果可能的话，使那时刻不要临到他。他说："阿爸、父啊，你凡事都能作，求你叫这杯离开我。但不要照我的意思，只要照你的旨意。"（可14：32－36）

　　在被处死之前，耶稣向门徒们敞开心胸，向神敞开心胸，也向《马可福音》的读者敞开心胸。面对死亡，他袒露内在的挣扎、痛苦和恐惧。他向神祷告呼求："能挪开这苦杯吗？能让这死亡毒钩离开吗？可以中止这使命吗？"在这个时刻之前，耶稣一直泰然自若，似乎没有什么令他惊讶。他始终很清楚正在和将要发生的事，好像没有任何东西出乎他的意料。然而，此刻，他突然"惊惧起来"。想一想《马可福音》从起头直到此刻的记载，耶稣一直临危不惧。但是，此刻，突然间，他看到、意识到、经历到的某些事，使这位永活的神之子"惊惧起来"。

　　马可还记载，耶稣"非常难过"。希腊原文的意思是"被恐惧抓住"。可以想象一下，你正走在街上，转过一个街角，突然看到你所爱的某个人竟发生车祸惨死在你面前。你的感受是什么？胃里翻江倒海。你的惊惧犹如乌云压顶。耶稣在此所经历的正是这样的感受，他说："我的心灵痛苦得快要死了。"

在古代有关著名人物死亡的记载中，耶稣面对死亡时的挣扎是独特的，而且，在**教会**历史上，这几乎也是独一无二的。这有点奇怪，不是吗？有许多基督徒为信仰被迫害至死的真实记载——他们被抛入斗兽场，被砍成碎块，被烧死在火刑柱上。他们面对死刑时，似乎都比耶稣更镇静。比如早期教会领袖士每拿主教波利卡普（Polycarp），在年老时被带到审判官面前，得知他将要被烧死在火刑柱上。那审判官说："我给你一次机会。你可以拒绝基督教，放弃你的信仰，你就可以免于死刑。"现场有目击证人记录了他的回应，他说："你威胁我，要以火刑处死我，但是，那火焰不过燃烧一小时，就会熄灭……你却不知道那将要来临的审判之火……何必迟延呢？来吧，随你的意思去做吧。"[1]

或者再以里德利（Nicholas Ridley）和拉蒂默（Hugh Latimer）为例。1555 年，他们在英国牛津因为信仰被处以火刑。当火焰在他们脚底点燃的时候，拉蒂默说："里德利先生，这是何等的安慰啊，我相信，靠着神的恩典，我们今天在英国点燃的蜡烛永不会熄灭。"[2]

为什么这些耶稣的跟随者们在面对死亡时比耶稣更从容不迫？很显然，耶稣所面对的，绝对不是波利卡普、里德利和拉蒂默所面对的，也不是所有其他殉道者所面对的。

在那园子里发生的某种事情——耶稣看到、感受到、体会到的某种事情——令无所畏惧的神之子惊恐忧伤。那究竟是什么事情？当然，他面对的远远不只是肉体的折磨，甚至超越肉体的死。与他所面对的相比，肉体的折磨和死不过如同被跳蚤咬一口而已。他在十字架上所要经受的苦难令他窒息。他知道他即将要死了吗？当然知道。不过，我们这里不是在谈信息。基督知道他要受死，他已经多次告诉门徒他要受死。但是，现在他正开始**尝到**他将要在十字架上所经受的一切。那苦难远远不只是肉体的折磨和死。那么，那恐怖的事情究竟是什么呢？答案就在耶稣此刻祷告的核心。他祷告说："求你叫这杯离开我。"

我们当记得，在希伯来文圣经中，"杯"用来比喻神对人类罪恶的愤怒，表示神的公义审判要倾倒在不义者身上。比如，《以西结书》23：32-34说："你……所喝的杯……又深又阔，容量甚大……那是惊慌和荒凉的杯……又抓伤自己的胸。"同样，在《以赛亚书》51：22，神说："那使人摇摇摆摆的杯，就是我烈怒的爵。"在耶稣基督的生命中，由于他与天父和圣灵之间的永恒舞蹈，无论何时转向天父，圣灵就以爱浇灌他。每次他祷告，在他受洗和登山变像时所发生的那些可见、可闻的事情，就无形无声地发生了。但是，在客西马尼园，当他转向父时，他所看到的，是父的愤怒，是深渊，是裂痕，是天父退隐之后一切存在的虚无。神是一切爱、一切生命、一切光、一切秩序的源头。因此，与父隔绝，就是与一切光、一切生命、一切秩序的隔绝。此刻耶稣开始经历那即将在十字架上被父弃绝所带来的灵性的、宇宙的、无限的分离。此刻他开始预尝到那分离的痛苦。他踌躇了。

爱的愤怒

你或许会说："我不喜欢神的愤怒。我喜欢神的慈爱。"

问题是，如果你要一位慈爱的神，你就必须要一位愤怒的神。请你想一想。去爱一个人是会让人生气的。不是尽管很爱你，还是会很生气；而是**正因为**很爱你，才会很生气。事实上，在你的生活中，与你越亲密、你爱得越深的人，越有可能引发你的愤怒。你注意到这一点了吗？如果你看到有人受伤害、被侮辱、被虐待，你会愤愤不平。如果你看到有人伤害自己，你会**对他们**很生气，那是出于你对他们的爱。你的爱和正义感并不相互对立，而是一起被触动了。如果你看到有人糟蹋自己或糟蹋他人，却无动于衷，毫不生气，那是因为你不在乎。你太专注于自己，不顾他人，心太硬了。你的爱越多，你对那伤害你所爱之人的怒气就越猛烈。伤害越大，你的反对就越坚决。

当我们思想神的愤怒时，我们通常会想到神的公义。

这思路是对的。关注公义的人看到公义被践踏岂能不愤怒！同样，我们岂不应该期望全然公义的神也因此发怒吗？但是，我们难以明白他的愤怒又如何彰显他的慈爱和良善。圣经告诉我们，神爱他所创造的一切。在被造物里发生的事，是触动他愤怒的原因之一；任何毁坏他所爱的人和他所造世界的人和事，都会触动他的愤怒。神爱的能力远比我们要长阔高深，而邪恶在世界上累积的程度是如此巨大，以至于**愤怒**这个词难以适切描述神看世界时的真正感受。因此，"我不要一位愤怒的神，我要一位慈爱的神"，这种说法其实没有意义。如果神是慈爱良善的神，他对邪恶必然发怒——不仅发怒，他还要采取行动铲除邪恶。

也请考虑这样的问题：如果你不相信一位愤怒的神，那么你对自己的价值就知之甚少。我的意思是：一个没有怒气的神灵，是没有必要上十字架的，没有必要承受那难以想象的痛苦，也没有必要为了救你舍身取死。你可以想象两幅画面：向左边看，你看到一个爱你却不用付出任何代价的神灵；向右边看，你看到圣经中的神，因为憎恨邪恶，向邪恶发怒，他必须上十字架，承担罪债，付上赎价，承受不可想象的巨痛。当你看左边时，你如何知道那个神灵给你多少"免费的爱"？你又如何知道在这神灵的眼中你有多少价值？其实，如此神灵的爱不过是一个抽象概念而已，你对其一无所知。这样的神灵爱你，不必付出任何代价。但是，当你在圣经所启示的神面前看自己时，你知道自己有多重要吗？你有极大的价值，以至于神之子愿意为你作出如此的牺牲。

C. S. 路易斯与马尔科姆（Malcolm）之间的通信被收集成一本书，叫《致马尔科姆：论祷告》。其中有一封信，马尔科姆说，神发怒的观念让他觉得不舒服。他发现，把神的能力和公义想象为带电的电线更有帮助。他说："带电的电线不会对我们发怒，但是，如果招惹它，我们就会遭到电击。"路易斯回答说："亲爱的马尔科姆，以带电的电线代替愤怒的威严，你得到的是什么呢？你把我们所有人都锁在绝望之中了，因为愤怒的神可以赦免人，但是电却不能……把神的愤怒仅仅视为开明的不赞同，也就把神的爱转化为单纯的人道主义。'烈火之焰'与'纯美之爱'一并消失了。这样的神，只不过类似于一个明智的女校长或一个有良心的法官而已。如此类比是出于高傲……那些自由化和文明化的类比，只能让我们误入歧途。"[3] 你对神爱的理解——以及你对自己在神眼中的价值的理解——与你对上帝愤怒的认识成正比。

爱的顺服

当生活环境合乎我们内心的各种欲望时，我们很满足；当心灵的欲望和真实的生活处境之间有距离时，苦难就产生了。距离越远，苦难就越大。当苦难变得太大时，你能做什么呢？一种反应是，改变环境——远离那导致你遭受苦难的道路。当然，如此反应有时是正当的，我们的生活环境有时实在需要改变。比如，我们需要中断非常不健康的关系，或者将其改变为健康的关系，或者需要对疾病采取更为激进的治疗办法。我们不能坐以待毙，以消极宿命的态度面对所有的生活处境。

然而，不少人在处理生活中大多数苦难时，只有一个思维模式：要么离家出走，要么毁约，要么断绝关系。他们总是试图逃避，试图逃到某个地方，希望所有的欲望在那里都能得到满足，因为他们相信，满足自己的欲望比什么都重要。这让他们努力改变自己的生活环境。只要能避免苦难，让他们做什么都行。问题是，生活环境很少为人效力。换一种新环境，你的问题可能暂时得到缓解，但是六个月之后，你可能又要换另一种环境。

佛教的八正道（Eightfold Path）并不主张这种回应，古希腊斯多葛派也不如此提倡。他们认为，一个人如果总是逃避苦难，就不能成就他的美德，培育他的正直。"当内心欲望和外在环境之间有距离时，就要去改变你的生活环境"，这种说法违背了他们的教导以及现今各种宗教思维的教导。相反，这些宗教或哲学教导人要压制欲望，超越欲望，要成为冷静、无执、无欲之人。唯有如此，才能守住承诺，不偏离正道。环境是注定的，欲望只是一种幻觉。这就是为什么希腊哲学家苏格拉底面对死亡时淡定无惧，不在乎生命的延续。在消除自己的欲望方面，他是成功的。

当然，有时我们的确需要压制自己的欲望，因为欲望常常带来破坏性。但是，消解了所有的欲望，也就消解了我们爱的能力。而神创造我们，是让我们去爱。

客西马尼园中的耶稣，看起来他好像是选择第一种做法。他当然不是采取消解欲望的途径。他倾吐他的心声，真诚迫切地请求天父改变那种环境。他祷告说，如果可能的话，使那时刻不要临到他。他大声呼喊："阿爸、父啊，你凡事都能作，求你叫这杯离开我。"他是在与天父理论，要天父给他一条出路，另外找一条救人的路，无须让他经过那发火焰的剑。

但是，仔细看一看，我们就会发现，耶稣其实不是把他的处境抓在自己手中。最终，他顺服了，放手了，不再控制他的处境，而是把自己的欲望放在天父的旨意之下，对神说："但不要照我的意思，只要照你的旨意。"他虽然挣扎，但仍在爱中顺服。

就是在这最后关头，耶稣仍然可以放弃他的使命，让我们灭亡。但是，那不是他的选择。他祈求天父用其他办法完成那使命，但是，他并没有要求天父完全放弃那救人的使命。为什么？那杯实在太苦，太恐怖，但是，他知道，他的当下欲望（保全自己）必须服从他的终极欲望（拯救人类）。

很多时候，我们那看上去最深切的愿望，实际上只是我们**最强烈**的欲望。你知道你为何不能好好地思考，尤其当你经历剧烈的痛苦或巨大的试探时？你会迁怒你所爱的人。你会做出令人震惊的自我毁灭性的决定。你知道，你的所言所行，不仅伤害别人，而且实际上破坏了你与所爱之人的关系，也动摇了你所珍视的价值观。

但是，在世界历史上个人痛苦最剧烈的时刻，耶稣没有那样做。他说："但不要照我的意思，只要照你的旨意。"他甚至没有对神说："是你错了，但是，这次我听从你。"不，耶稣没有这样说。相反，他说："无论我现在的感受如何，我都信靠你。我知道，你的意愿最终也是我的意愿。成就你我都知道必须要去成就的事吧！"

耶稣如此行是在全然顺服神的旨意。**但不要照我的意思，只要照你的旨意。**耶稣在此让自己当下最强烈的欲望，顺服他最深切的渴望，把这些意愿交托在天父手中。他仿佛是说："如果生活环境不能满足你当下心中的渴望，我不是压制那些渴望，也不是向这些渴望投降。我知道，这些渴望最终只有在父神里面才能满足。我信靠他，顺服他，把自己放在他的手上，继续前面的道路。"

耶稣没有否认他的情感，也不逃避十字架上的苦难。**他的爱，让他进入苦难。**在苦难中，他甘心顺服，因为他爱天父，也爱我们。

当你认识基督，明白他的苦难，你就不会一直苦苦否认你的渴望，或改变你的生活环境，而是在苦难中能够信靠天父。你之所以能够信靠神，是因为耶稣基督喝下了苦杯，你最深切的渴望和你实际的生活环境将会不断靠近，直到在永恒盛筵的日子完全联合。

爱德华兹在《基督的痛苦》（Christ's Agony）这篇伟大的讲章中如此说道：

（在客西马尼园，耶稣）更近地看到他就要被抛入其中的愤怒熔炉；他被带到熔炉口，可以看到里面的景象，看见熊熊燃烧的烈焰，感受到滚热的火浪，让他知道他将往何处去以及他将要承受的苦难……有两件事彰显基督之爱的奇妙：一是他竟然甘愿承受如此之大的苦难；二是他竟然甘愿为如此之大的罪代赎而承受如此之大的苦难。但是，为了可以恰当地说，基督亲自选择承受如此巨大的痛苦……在承受这些苦难之前，他必须对将要承受的苦难是何等巨大有异乎寻常的感受。他在客西马尼园中感受到了这种极度的痛苦。[4]

这种爱——其顺服之长阔高深，足以化解山一般重的义怒——正是你终生寻求的爱。没有任何爱，无论是家人之爱、朋友之爱、父母之爱、配偶之爱、情人之爱，能像这种爱那样满足你。人世间所有的爱都会令你失望，但是，这份爱永不会令你失望。

第 16 章

刀剑

　　萨默维尔（C. John Sommerville）是美国佛罗里达大学历史学荣休教授。多年来他与他的学生一起从事一项训练。他挑战学生做下列思想试验：设想你在夜晚看到一个矮小的老太太独自走在街上，拿着一个很大的钱袋。你突然想到，她这么矮小，又这么老迈，如果把她推倒，抢走她的钱袋，应该不费吹灰之力。但是，你不会这么做。为什么呢？有两种可能答案。一是荣辱文化的答案。你不会这么做，因为它会使你看起来像一个卑劣无耻的小人，不值得人尊敬，它会让你的家人脸上无光。人们会因你欺负老弱而鄙视你，甚至你也鄙视自己恃强凌弱。欺负弱者，说明你不是强者，而强者才受人尊敬。在萨默维尔教授看来，这种答案是利己主义的，因为你总是想到自己以及自己家族的荣辱。

让你不去抢老太太的钱袋还有第二种答案。在第二种思维中，你会设想，如果那老太太靠钱袋中的那些钱维持生计，你抢走她养生的钱，她会何等痛苦，她以后的生活又会何等艰辛。你会自问："如果我抢走她的钱袋，她将如何生活？那些倚靠她生活的人又会怎样？"你自己想过好生活，你也希望她能过好生活，所以你不会去抢她的钱袋。这是一种关顾他人的利他伦理，完全不同于荣辱文化中的道德思维。萨默维尔教授充分考虑到这些因素之后，问他班级上的学生："那么，你们中间有多少人会抢走她的钱袋？"当然，没有人会这么做。然后，他问道："你们为什么不去抢她的钱袋？哪一种答案是你们不这样做的理由？"最终几乎每个人都声称自己是第二种。

随后他把自己的观察和理解告诉学生们：你先考虑到他人而不是自己，这种观念源于基督教。这一点你或许没有意识到。其实，基督教已经塑造了你的道德观。萨默维尔继续写道：

以荣辱感为基础的道德体系，是一种利己主义的伦理；而以恩慈仁爱为基础的则是利他主义的伦理……崇尚荣誉会催生骄傲，而不是谦卑；催生跋扈，而不是服事；催生勇猛，而不是和睦；催生夸耀，而不是虚心；催生忠诚，而不是尊重他人；催生对朋友的慷慨，而不是人人平等。

　　萨默维尔继续指出，在基督教诞生之前，基于荣誉感的道德体系，主宰了地球上的许多文明。随后他补充说："学生们只有在黑板上看到这样的比较，才能意识到，他们的道德取向仍旧深受基督教的影响。"即使他的学生们对教会和基督教批评有加，但是，"放弃基督教的道德标准，他们的批评就毫无根据了"。实际上，他的学生们对基督教的所有责难，"是要求更真实、更纯粹的基督教"。[1]

　　今天，那些独特的、仍然影响并形塑我们道德良知和想象力的基督教理念，到底是什么呢？

　　在整卷《马可福音》中——其实，《马太福音》《路加福音》《约翰福音》也一样——耶稣时常讲论"天国""神的国"，同时也提到"世界的国"。一个国度就是一种管理机制，换句话说，是一种有序地组织事务、完成事工的方式。比如，一个球队新来一位教练，或者你的部门新来一位老板，自然会带来一种新的管理机制。一种新机制意味着事情不一样了，完成事工有了新的秩序、新的理念和新的目标。使得一种管理机制不同于其他管理机制的，通常是一系列不同的价值理念。在这些价值理念清单上，最上面的是最重要的，中间的是次重要的，最下面的是那些需要避免的事情。这对如何完成事工关系重大。在新的管理机制下，你开始重组你的价值观和你的目标，废除旧秩序，建立新秩序。无论你是否有一份成文的核心价值清单，你为人处世都是根据那份价值清单。

如果管理机制或国度基本上是关乎优先秩序之清单——什么在清单的顶端，什么在清单的底层——那么，在某种意义上，厘清这份清单的顺序，就是在组织现实生活的秩序。

有许多经文记载耶稣比较神的国度与今世国度之间的不同。在所有这类经文中，最为精炼简洁的是《路加福音》6章中的一段。在那里，耶稣给了我们两份清单：

耶稣抬头看着门徒，说："贫穷的人有福了，因为神的国是你们的。饥饿的人有福了，因为你们要得饱足。哀哭的人有福了，因为你们将要喜乐。世人为人子的缘故憎恨你们、排斥你们、辱骂你们，弃绝你们的名好像弃绝恶物，你们就有福了。"（路6：20-22）

"然而你们富有的人有祸了，因为你们已经得了你们的安慰。你们饱足的人有祸了，因为你们将要饥饿。你们喜乐的人有祸了，因为你们将要痛哭。人都说你们好的时候，你们就有祸了，因为你们的祖先对待假先知也是这样。"（路6：24-26）

圣经学者威尔科克（Michael Wilcock）在研究这段经

文时注意到，神子民生活中有着惊人的价值翻转："基督徒所看重的，是世界所轻视的；基督徒所质疑的，却是世界所渴望的。"[2] 在价值理念的清单上，世界放置在底层的那些事，却置于神国清单的顶端；在神国被质疑的那些事，却被今世国度所看重。那么，在今世国度价值清单顶端的是什么呢？权力和金钱（"你们富足的人"），成功和认同（"人都说你们好的时候"）。在神国清单顶端的又是什么呢？软弱和贫穷（"你们贫穷的人"），苦难和拒绝（"人恨你们"）。在神的国中，这份清单是颠倒的。

第一次真正的革命

在客西马尼园，两个国度、两种对现实的治理机制、两组优先秩序、两套价值体系，所有这些都戏剧性地相遇了：

耶稣还在说话的时候，十二门徒中的犹大和一群拿着刀棒的人来到了；他们是祭司长、经学家和长老派来的。出卖耶稣的人给他们一个暗号，说："我跟谁亲嘴，谁就是他。你们把他逮捕，小心带去。"犹大来到，立刻上前对耶稣说："拉比！"就跟他亲嘴。他们就动手拿住耶稣，逮捕了他。（可 14：43 - 46）

英文中的"kiss of death"（死亡之吻）就是源于这里发生的一幕。翻翻辞典，你就会知道，英文中的这一习语，是指与某种东西之间的亲密关系最终导致你的毁灭。

犹大的问题，不在于他与耶稣之间的亲密关系。与耶稣的亲密关系总是生命之吻，绝不是死亡之吻。犹大的问题在于他与刀剑和棍棒之间的亲密关系。

为什么犹大不直接走到耶稣跟前说，"他在这里，逮捕他"？他为什么亲吻耶稣？为什么耍那些花招？他是以为耶稣身上也带着刀剑和棍棒吗？耶稣毕竟常常讲到神的国度。任何新的国度要获取权力，总要使用金钱、政治、武力，或者这些东西的总和。

那位大君王对这死亡之吻以及对他的逮捕作何反应呢？马可记载：

他们就动手拿住耶稣，逮捕了他。站在旁边的人中有一个拔出刀来，砍了大祭司的仆人一刀，削掉了他的一只耳朵。耶稣对他们说："你们带着刀棒出来，把我当作强盗捉拿吗？我天天在殿里教导人，跟你们在一起，你们却没有捉拿我；但这是为了要应验经上的话。"（可14：46-49）

犹大预测，逮捕耶稣会遇到武力抵抗，否则他和他的行动大队就不会以如此方式来逮捕耶稣。耶稣的反应是，

"我是在带领人搞叛乱暴动吗？为什么带着武器以欺骗的方式抓我呢？""强盗"这个词的原文是指"游击队"，使用暴力（刀剑）推翻现存的社会秩序，建立一种新秩序——这是革命。耶稣是在说，"你们带着刀剑来逮捕我，因为你们相信我一定会以刀剑报复。这表明，你们根本不认识我，不理解我。神的国不同于世界的国。"

犹大和那些来捉拿耶稣的人所不能理解的是，耶稣的确是在领导一场革命，但那却是一场非常不同的革命，是历史上前所未见的伟大革命。在今世国度里，革命基本上是维持着那份清单，在清单顶端的依旧在顶端。除了耶稣的革命之外，所有的革命都换汤不换药，没有什么本质性改变，只不过是对那些旧秩序进行调整而已。每次革命都有一帮新人获得权力，然后，到了下一次革命又换另一帮人掌权。但是，耶稣的革命不是换一帮人掌权而已。他带来的是一种完全不同的对现实的治理机制——神的国。耶稣不是那种你可以用刀剑阻挡的革命者，因为他的革命与刀剑无关。犹大不明白这一点。

但是，犹大并不是唯一不明白的人。从经文中我们可以看到，当那些人要逮捕耶稣时，"站在旁边的人中有一个拔出刀来，砍了大祭司的仆人一刀，削掉了他的一只耳朵"。《约翰福音》告诉我们，那拔刀的人就是彼得。彼得当然知道神的国。他多年跟从耶稣，多次听到耶稣讲说神的国，但是，他仍旧不明白。在这危急关头，他的本能反应是什么？拔出刀剑。

我们岂不都和彼得很像吗？我们认为自己是站在公义、和平与公正的一边，但是，当挑战出现时，我们还是觉得要用手紧紧抓住剑柄。我们把今世国度——刀剑在顶端，然后是金钱、权力、成功和认同——与我们的生活哲学相调和，无论这生活哲学是基督教的，还是别的什么东西。我们习惯了死亡之吻。我们实在像透了彼得。

耶稣对彼得（也对我们所有人）说："我的国不属于世界。它完全不同。我是这样改变万事万物的：我准备把他人放在我自己的前面，我准备爱我的仇敌，我准备服事他人，为他人舍命。我不会以恶报恶，我要以善胜恶。我准备放下我的权柄、我的生命。如今在我那份价值清单顶端的，是软弱、贫穷、苦难和被人拒绝。我的革命是没有刀剑的革命，却是第一次真正的革命。"

革命的倒置

当那群全副武装的危险暴徒逮捕了耶稣，要把他带走时，你认为门徒们会怎么做？马可写道：

耶稣对他们说："你们带着刀棒出来，把我当作强盗捉拿吗？我天天在殿里教导人，跟你们在一起，你们却没有捉拿我；但这是为了要应验经上的话。"门徒都离开他

逃跑了。有一个青年，赤身披着一块麻布，跟着耶稣。众人捉住他的时候，他就丢掉麻布，赤身逃跑了。（可14：48－52）

"门徒都离开他逃跑了。"彼得和那些门徒，跟从耶稣多年，可是，第一次遇到真正的考验时，他们都离弃耶稣逃走了。有一个年轻人，赤身披着麻布，当犹大一伙来抓他时，他什么也顾不上，丢掉麻布，赤身逃走了。在圣经中，赤身裸体是羞耻丑陋的象征。这种状态极为符合这里的场景：这个人是个不折不扣的胆小鬼，甚至不顾羞耻，赤着身子跑回家。一些圣经学者指出，这个年轻人就是《马可福音》的作者马可本人。那时他还是一个年轻人。如果真是马可，那么马可如此记载就等于在承认说，"我在那里，我与所有的人一样糟糕。"每个人都抛弃了耶稣。

马可记载这个年轻人赤着身子逃出客西马尼园，是要提醒我们想到另外一个园子，就是伊甸园。在伊甸园中，亚当和夏娃面对考验失败了。他们看到自己赤身裸体，带着羞耻感逃匿。许多个世纪之后，另一个园子里的另一种试验，让每个人都失败了，只是失败方式不同而已，要么挥舞着刀剑，要么赤着身子羞愧地逃命。

但是，这里还是有些不同。在**这个**园子中央，有一个人通过了考验。为什么其他人纷纷落荒而逃？因为他们看到的唯一实在，是世界的刀剑。他们怕有人要逮捕他们，杀死他们；或者有人发起一场革命，夺走他们既有的权力。但是，耶稣毫不动摇，他正在面对的远比世界的刀剑更可怕。你当记得，在亚当和夏娃被逐出乐园时，他们转过身来，看到伊甸园门口有发火焰的公义之剑，拦阻他们返回伊甸园。他们的罪使得他们与神分离。除非有人从神的公义之剑下穿过，否则没有别的办法可以让人再回到神面前。耶稣在这园子里所面对的，正是神公义的终极之剑。为了亚当和夏娃，为了我，也为了你，他毫不动摇。

你知道为什么有人称今世的国为"正常的国度"（the right-side-up kingdom），而称神的国为"颠覆的国度"（the upside-down kingdom）吗？今世国度追逐的是权力和认同，这看起来是正常且自然的，而耶稣透过服事和牺牲建立他的国度，看起来完全是不可能和不自然的。比如，从生物学来说，谁听说过弱者生存呢？

而且，从心理学来说，神的国看起来也不自然。当你听到耶稣说，软弱的、贫穷的、受苦的和被拒绝的人有福了，你会说："那是自虐狂，心理不健全。我们不可能这样活着。"

可以想象，我们的确不大可能那样活着。

当你看到耶稣看顾贫穷的人，毫无苦毒地赦免他的仇敌，为他人甘心舍弃自己的生命，过一种全然无罪、充满爱的生活时，你或许会说，"我做不到。"没错，你的确做不到。如果耶稣只是一个榜样，你就会崩溃，因为你的生命永远达不到那样的境界。但是，耶稣基督是负罪的羔羊，他能拯救你。

在十字架上，耶稣承担了我们应当承受的罪罚，由此我们可以得到他才配得的东西。当你看到这生命的伟大逆转是为了你，看到他放下整个宇宙的富有，进入我们的贫穷，好让我们在灵性上成为富足，你就被改变了。

设想，有一个人完全按照今世国度的价值观生活，另外一个人则竭力过一种属神国度的生活。他们都有一份极好的工作。突然间双方得知，他们就要失业了，而且都明白，他们从此可能再也无法拥有从前的社会经济地位。按今世国度的标准，这是致命的事。今世国度教导你，你的地位、金钱和权力是你身份的基础。一旦失去了这些，你的自我认同就会土崩瓦解。如果你遵循今世国度的游戏规则，你会竭尽全力保住那份工作。撒谎、欺骗，甚至在背后捅刀子，没有什么不能做的。但是，当你开始在神的国度扎根，虽然你知道失去工作不是小事，也不容易面对，但是你已经明白，当软弱和苦难、贫穷和拒绝临近时，神的国度也就临近了。此时正是掌握你的真正财宝与真实身份的好机会。

基督徒应当是自由的，在使用金钱、权力、名望和地位这些东西时，拿得起也放得下。这是因为，今世国度看重的这些东西，不再像过去那样紧紧地控制你。当你明白耶稣基督为你所成就的，你就得着自由了。当你意识到他爱你，是他的恩典而不是你的成就使你称义时，你对权力、金钱和地位的看法就改变了。这些东西不再能控制你。

如果你试图拯救自己，努力赢得自尊，想要证明自己，那么对于金钱和权力，你要么就是极其憎恶，要么就是疯狂贪爱。或许你会说，你不喜欢金钱和权力，也不喜欢那些有钱有势的人，远离他们让你觉得自己高贵脱俗。在这种情形下，你基本上是一个凭借己力拯救自己的人。或许你并不是这样的人。相反，你太**需要**金钱和地位了。那你同样是一个凭借己力拯救自己的人。你或许鄙视其他类型的自我拯救，但是，实际上你只是以不同的方式做相同的事而已。如果你知道，你是一个罪人，唯有靠神的恩典得救，那么你对这些东西就能自由使用或拒绝，不受这些东西的捆绑。如果拥有金钱和权力，你可以妥善使用。如果失去了它们，你也知道这是神国度的权能在你生命中运行的一种方式。刀剑正渐渐远离你的生活，冲动正从你的生命中消逝。你仍旧工作，但是，工作并不能界定你的身份。你仍旧工作，但不是被工作累垮。你会变得如此满足，你几乎看起来对什么都满不在乎。人们会说："你怎么能那样花钱呢？你怎么能放弃那样的职业前景呢？你明明知道她在利用你，占你便宜，你怎么还不远离她呢？"基督徒会这样回答："就算有人利用我，占我便宜，或是失去了金钱，或是我的事业没有按照我所想望的那样发展，但这些都不表示世界末日到了。那些恐惧不再能控制我。"神的国正在代替今世的国。

《但以理书》5章记载，巴比伦王伯沙撒在宫廷内举行盛大的狂欢宴会。他不知道敌人正悄悄逼近，围困巴比伦城，当晚他就要丧命。在狂欢中，突然有手指头出现了，并在墙上写字："你的死期近了"。

如果你为自己活着，在你自己身上花尽你所有的金钱，不断追逐权力，寻求成功和名声，那么，你是在举行狂欢派对。但是，圣经告诉我们，那种国度很快就要倾覆崩溃，它的日子屈指可数。

第 17 章

结局

他们把耶稣押到大祭司那里，所有的祭司长、长老和经学家都聚集在一起。彼得远远地跟着耶稣，直到大祭司的官邸，和差役一同坐着烤火。祭司长和公议会全体都寻找证据控告耶稣，要把他处死，却没有找着。有许多人作假证供控告他，但他们的证供各不相符。有几个人站起来，作假证供控告他说："我们听他说过：'我要拆毁这座人手所造的圣所，三日之内要另建一座不是人手所造的圣所。'"就是这样的见证，他们也不一致。（可14：53－59）

对你的生活来说，没有什么比接受审判更具有戏剧性；在审判中，也没有什么比传唤被告到证人席上作证更具有戏剧性。或许在人类历史上，从来没有过什么证词比耶稣受审时站在证人席上所作出的证词更具有戏剧性、更令人震惊。马可继续写道：

大祭司站起来，走到中间，问耶稣："这些人作证控告你的是什么呢？你怎么不回答呢？"耶稣却不作声，什么也不回答。大祭司又问他："你是那受称颂者的儿子基督吗？"耶稣说："我是。你们要看见人子，坐在权能者的右边，驾着天上的云降临。"（可 14：60-62）

大祭司让耶稣站在证人席上，询问他是不是基督（弥赛亚），是不是那当称颂者的儿子。在《马可福音》另一处记载中，耶稣已经回避了类似的有关他身份的询问（可7：5-6），或者把问题再反问回去（可 11：29）。但是，这一次耶稣积极地、毫无保留地回答了《马可福音》的这一中心问题。"我是，"耶稣回答说，"你们要看见人子，坐在权能者的右边，驾着天上的云降临。"

耶稣说**我是**，承认他是弥赛亚，是神应许的那一位。但是，我们不要忘记，犹太人一般并不期望基督就是那位神。因此，耶稣进一步展开"弥赛亚"这一称号的意涵，讲明他的身份是**人子**，是坐在神右边的那一位。

在耶稣引用的两个圣经典故中（"人子"出自《但以理书》7：13；"权能者的右边"出自《诗篇》110：1），弥赛亚是作为审判者来到的。在场的每个人，包括犹太公会的成员，都知道人子是谁。在《但以理书》7章，那位人子驾着天上的云从神宝座来到世上，审判万民。这里值得注意的是，天上的云不同于地上的云，地上的云只是水蒸气而已。天上的云是神同在的荣耀。因此，耶稣如此回答，是在说："我在神的荣耀中来到世界，审判万民。"如此回答着实令人震惊，那是在宣告他自己是神。

在耶稣所说的所有事情中——他本可以使用旧约圣经中的许多经文、主题、形象、比喻和信息来表明他是谁——他明确表达，他是那位审判者。借着他选择的旧约经文，耶稣刻意让我们看到其中的矛盾之处。他是整个世界的审判者，此刻却受到世界的审判。他本该坐在审判席上，我们才应当戴着锁链站在被告席上。可是，现在一切都颠倒过来了。

当耶稣宣告他就是这位审判者，他就是神时，立刻出现了爆炸性的反应。马可写道：

耶稣说："我是。你们要看见人子，坐在权能者的右边，驾着天上的云降临。"大祭司就撕开自己的衣服，说："我们还要什么证人呢？你们都听见这亵渎的话了。你们认为怎么样？"众人都定他该死的罪。于是有些人就向他吐唾沫，蒙住他的脸。用拳头打他，对他说："你说预言吧！"差役把他拉去，用手掌打他。（可14：62-65）

大祭司立刻撕开自己的衣服，这是愤慨、恐惧和悲伤到极致的标记。随后，整个审判变得一团糟。事实上，那不再是一场审判，而成了一场骚乱。陪审员和审判官开始向耶稣身上吐口水并打他。审判过程中，他们群情激愤，疯狂暴怒，耶稣当即被宣判亵渎神，理当被处死。

　　但是，犹太公会的法庭无权判处死刑。它有权审判许多案子，但判处死刑需要罗马总督的同意。他们迫不及待地把耶稣带到罗马总督彼拉多那里，让彼拉多判他死刑。马可继续写道：

　　一到清晨，祭司长和长老、经学家以及公议会全体一致议决，把耶稣绑起来，押去交给彼拉多。彼拉多问他："你是犹太人的王吗？"耶稣回答："你已经说了（"你已经说了"或译："这是你说的"）。"祭司长控告了他许多事。彼拉多又问他："你看，他们控告你这么多的事！你什么都不回答吗？"耶稣还是一言不答，使彼拉多非常惊奇。（可15：1-5）

　　耶稣再次被带入法庭，这次是在彼拉多面前受审。犹太宗教领袖们控告耶稣，但耶稣并不回应，这让彼拉多感到惊讶。阅读新约其他福音书，我们知道彼拉多对这案件根本没有兴趣。他举棋不定，试图想办法脱身。但是，他手上还有一张牌：众人过节欢庆之时照例会释放一名囚犯，这是古老的习俗，或许这可以帮助他脱身事外，逃避做决定的责任：

> 每逢这节期，彼拉多按着众人所要求的，照例给他们释放一个囚犯。有一个人名叫巴拉巴，和作乱的人囚禁在一起，他们作乱的时候，曾杀过人。群众上去，要求彼拉多援例给他们办理。彼拉多回答他们："你们要我给你们释放这个犹太人的王吗？"他知道祭司长是因为嫉妒才把耶稣交了来。（可 15：6 - 10）

彼拉多仍旧试图想办法脱身。他知道那些犹太宗教领袖控告耶稣，纯粹是出于嫉妒。他们的控告并不成立。巴拉巴是一个杀人越货的暴徒。彼拉多当然清楚二者之间的不同。他会判处无罪的为有罪，有罪的为无罪吗？马可继续写道：

> 祭司长却煽动群众，宁可要总督释放巴拉巴给他们。彼拉多又对他们说："那么，你们称为犹太人的王的，你们要我怎样处置他呢？"他们就喊着说："把他钉十字架！"彼拉多说："他作了什么恶事呢？"众人却更加大声喊叫："把他钉十字架！"彼拉多有意讨好群众，就释放了巴拉巴给他们，把耶稣鞭打了，交给他们钉十字架。（可 15：11 - 15）

彼拉多极不愿意判处耶稣死刑。他知道耶稣没有犯什么该死的罪，但是，他仍然把耶稣交给他们钉十字架。

钉十字架是罗马帝国设计出来的最羞辱、最恐怖的行刑方式，一般是对十恶不赦的罪犯才施以这种酷刑。它血腥残忍，让刑犯在公众眼前承受极度痛苦，最终在休克或窒息中恐怖地死去。值得注意的是，《马可福音》极少描写血腥残忍的细节，它侧重的不是耶稣肉身经受的巨大苦痛，而是专注于这一苦难事件背后的深刻意义。马可的记载相当简洁：

他们戏弄完了，就把他的紫色的外袍脱下，给他穿回自己的衣服，带他出去，要钉十字架。有一个古利奈人西门，就是亚历山大和鲁孚的父亲，从乡下来到，经过那里，士兵就强迫他背着耶稣的十字架。他们把耶稣带到各各他地方（这地名译出来就是"髑髅地"），拿没药调和的酒给他，他却不接受。他们就把他钉了十字架；又抽签分他的衣服，看谁得着什么。（可 15：20 - 24）

尽管《马可福音》没有提到这是应验了先知的预言，但是他这里的遣词用字显明他在思想《诗篇》22 篇：

看见我的，都嘲笑我；
他们撇着嘴，摇着头。

......

我好像水被倾倒出去，我全身的骨头都散脱了，

我的心在我里面像蜡融化。

......

犬类围着我，恶党环绕我，

他们扎了我的手我的脚。

我能数算我全身的骨头，他们却瞪着眼看我。

他们彼此分了我的外衣，又为我的内衣抽签。

（诗22：7，14，16 - 18）

设想一下，那些跟从耶稣的人，看到十字架周围的场景，看到他们跟从多年的耶稣正被钉死，是什么感受。正是这位耶稣，曾经平静风暴，医治疾病，并且以他话语的奇异权能让人从死里复活；正是这位耶稣，在还不到一周之前，如同君王一般，被众人欢呼迎入耶路撒冷。他是基督，是弥赛亚。这一切怎么可能发生在他身上？马可继续写道：

他们钉他十字架的时候，是在上午九点钟。耶稣的罪状牌上写着"犹太人的王"。他们又把两个强盗和他一同钉十字架，一个在右，一个在左。（有些抄本有第28节："这就应验了经上所说的：'他和不法者同列。'"）过路的人讥笑他，摇着头说："哼，你这个要拆毁圣所，三日之

内又把它建造起来的，从十字架上把自己救下来吧！"祭司长和经学家也同样讥笑他，彼此说："他救了别人，却不能救自己；以色列的王基督啊，现在可以从十字架上下来，让我们看见就信吧。"那和他同钉十字架的人也侮辱他。从正午到下午三点钟，遍地都黑暗了。（可15：25－33）

在对耶稣受死事件的记述上，马可和其他福音书作者共同关注视觉艺术家们所说的"明暗相称"，就是说，他们关注黑暗和光明之间的对比和相互衬托。四福音书的作者都竭力告诉我们，所有关于耶稣受死的关键性事件，都发生在**黑暗之中**。犹大出卖耶稣，耶稣在犹太公会面前受审判，都是发生在夜晚。尽管耶稣受死发生在白日，但是令人震惊的大黑暗笼罩了大地。"从正午到下午三点钟，遍地都黑暗了。""正午"是中午十二点，"申初"是下午三点。因此，从中午十二点到下午三点，在耶稣受死的过程中，遍地一片黑暗。

有不少人试图寻找造成黑暗的自然原因，比如，有人认为是日食造成黑暗。但是，日食造成的黑暗通常不过几分钟，而且，这是庆祝逾越节的日子，通常都是盈月时节，盈月的日子不可能发生日食。也有人认为，这是那种可以导致风沙遮蔽太阳数日的沙漠风暴造成的现象。但是，逾越节是在雨季，如此黑暗不可能是沙漠风暴造成的。

这是一种超自然的大黑暗。

在圣经中，大白天出现的黑暗，是一种神不悦和神审判的可见标记。[1] 这种现象最为超然的例证，是发生在第一个逾越节期间的倒数第二次降临之时，整个埃及遍地黑暗（出 10：21-23）。因此，当这里的大黑暗降临时，我们知道，神正在施行审判。但是，神在审判谁呢？马可继续写道：

从正午到下午三点钟，遍地都黑暗了。下午三点的时候，耶稣大声呼号："以罗伊，以罗伊，拉马撒巴各大尼？"这句话译出来就是："我的神，我的神，你为什么离弃我？"（可 15：33-34）

当耶稣大声呼喊，他不是喊着："我的朋友，我的朋友!""我的头，我的头!""我的手，我的手!"而是说："我的神，我的神。"在十字架上，他被神抛弃。

他说，"**我的神**"，这是一种亲密的语言。称某人为"我的苏珊"或"我的约翰"，是一种爱的表露。从圣经来说，称呼"我的神"是一种立约性的言说。神说，如果一个人与神之间有着个人关系，这个人就可以如此称呼神，对神说话。**"你要成为我的子民，我要成为你的神。"**

"我的神，你离弃了我。"设想某个主日早晨的崇拜之后，有一个信徒来到我面前，对我说，"我再也不想见到你，再也不要和你说话"，我的感受肯定很糟糕。但是，如果我的太太今天来到我的面前，对我说，"我再也不想见到你，再也不要和你说话"，那就更糟糕了。那份爱越长久，越深刻，失去爱的痛苦就越大。

但是，这种抛弃，这种失落，正发生在圣父与圣子之间。圣父与圣子一直在永恒中彼此相爱，那爱长久无限，绝对完美。此刻，耶稣正在失去这种爱，正在从那神圣永恒的舞蹈中被剪除。

世界的创造者耶稣，此刻正被抛弃。为什么？因为耶稣正在经受我们的审判日。"我的神，我的神，你为什么离弃我？"这不是一个修辞问题。他被抛弃，是为了你，为了我，为了我们。他被神抛弃，是为了我们永不被抛弃；他承受审判，是为了不让愤怒的审判临到我们身上。

黑暗和崩溃

如今，大多数人无从体会自然界真正的黑暗是什么。即使夜晚行在乡下，周围村落乡镇也总有不少灯火。**彻底**的黑暗是伸手不见五指的。而长久地待在彻底的黑暗中，你会完全失去方向感。1914 年，英国探险家沙克尔顿(Ernest Shackleton) 和他的团队乘船抵达南极洲。他们计划上岸后，步行穿过南极大陆，跨越南极，再一路走回来。但由于他们的船"坚忍号"撞上南极冰川，严重受损，他们不得不放弃原来的计划。在接下来的数月内，沙克尔顿的团队为了生存苦苦挣扎，希望早日返回家乡。沙克尔顿的一位传记作者说，他们面对无数困难，包括饥饿和严寒，但最糟糕的是黑暗。在靠近南极的地方，每年五月中旬太阳落下，不再升起，直到七月下旬。有两个多月时间，没有白昼，没有阳光。

极地探险家的传记作者指出，全世界没有什么地方比地球南北极地的夜晚更荒凉的了。只有那些经历过这种绝对黑夜之荒凉的人，才真正明白日复一日、周复一周没有阳光意味着什么。很少有人能做到不习惯这种黑暗却可以完全抵抗它的影响，有些人甚至因此发疯。在如此深的黑暗中，你看不到前面的道路，因此，你根本不知道要往哪里去。你失去了方向，甚至看不见自己，不知道自己看起来是什么样子。你也可能失去了自我身份感，不知道自己是谁。你搞不清楚在你周围是不是还有人，是朋友还是敌人。你陷入孤独无援的状态。黑暗令人迷失方向，无所适从。在圣经看来，属灵的黑暗也是如此。神是真光，当我们远离神，让神之外的某些东西成为我们生命的中心，我们就落入了属灵的大黑暗之中。

圣经有时以太阳比喻神。[2] 太阳是可见真理的源头，因为我们是透过阳光观察万有；太阳是生物生命的源头，因为没有阳光生物不能存活。圣经中启示，神是**一切**真理、

一切生命的**唯一**源头。如果以神为中心运转，你的生命就有真理、有活力，你就活在光中。如果远离神，以某种其他的东西——你的事业、你的人际关系、你的家庭——作为你温暖和希望的源头，以之为中心运转，结果就是属灵的黑暗。如此生活，你就在远离真理，远离生命，遁入黑暗。

当你落入属灵的黑暗，你或许会认为自己的生命正朝着正确的方向前进，但实际上你已经深度迷航。

如果神在你的生命中无足轻重，你的生命方向就出现了问题。你不能辨识你正往何处去，更谈不上辨识何处**应当**是你的走向。金钱，事业，感情——这些也许会让你在一段时间内感到生活有目标，但是，一旦你真正得到你一直寻求的东西，便会突然发现，那东西还不够大，不足以满足你的灵魂。那东西本身并不发光，不能照亮你生命的前方。

而且，若以神之外的某种东西为中心，你会丧失身份。你的身份将是脆弱和不安全的，因为那是奠基在你视为生命中心的事物上。它建立在别人认可的基础上，建立在你良好表现的基础上。其实，你并不真正知道你是谁。在黑暗中，你根本看不到自己。

此外，落入属灵的黑暗，你也会孤独无援。那些成为你生命中心的东西，紧紧缠绕着你，因此，你总是害怕，或生气，或骄傲，你所看为宝贵的东西驱使你，支配你，你的生活充满自怜。结果，你渐渐与他人疏离，似乎没有人能理解你。

让我以自己为例来进一步说明。我想成为一个好牧师，好传道人。但如果实现这些目标成为我的希望、我的成就感、我的安全感的源头，它们比神在耶稣基督里对我的爱更重要，那么我就会经历身份危机。牧师总是受人评头品足，如同我在本书第十一章指出的那样，那些不可避免的批评临到自己时，的确让人灰心。如果我的讲道和服事本身成了我生命的终极中心，现在受到他人的批评指责，这绝对会让我失去安全感。或者，如果达不到自己的期望，我肯定会痛苦叹息。难以排遣的内疚自责会撕咬我的内心，最终，我会精神崩溃。同样，如果两个人彼此相爱超过对神的爱，那么小小的争吵就会演变成大的冲突，大的冲突会演变成瓦解整个家庭的灾难，因为双方都不愿意担待对方的不快或对方的失败。于是开始彼此疏离冷漠，最终导致他们关系的崩溃。

灵性黑暗——背离神，背离真光，把神之外的事看得比神还重要——必然导致生命的迷航并进而使你崩溃。没有神的介入和拯救，我们无一不落在灵性的黑暗之中。我们的生命都在围绕某种东西旋转，就是不围绕神旋转，无人有能力改变自己的旋转轨道，因为我们都寻求自己的荣耀，不寻求神的荣耀。因此，我们都奔跑在朝向生命崩溃的轨道上。

但是，那种生命轨道并不以我们生命结束而告终。当基督再来时，他要审判我们每个行为、每个思想、每个渴望。换言之，我们心灵所产出的一切，都要受到审判。我们若有任何不完美的东西，都不能存留在他的荣耀同在之中。神是一切光和真理的源头，无法来到神的面前，就意味着全然的黑暗和永恒的破碎。圣经中的先知们这样描述那末日的审判：

看哪！耶和华的日子快来到，必有残忍、愤恨与烈怒，使这地荒凉，使其中的罪人灭绝。天上的星星和众星座不再发光；太阳刚出来就变为黑暗，月亮也不再发光。我必因世界的邪恶施行刑罚，也必因恶人的罪孽惩罚他们；我要使狂妄人的骄傲止息，使强暴人的狂傲降卑。我必使人比精金还少，使人比俄斐的金更稀罕。在万军之耶和华发怒的时候，就是我大发烈怒的日子，我要使天震动，大地必摇撼，离开本位。（赛13：9–13）

耶和华指着雅各所夸耀的起誓说："我必永远记着他们所作的一切；这地不应为此震动，所有住在地上的不应悲哀吗？这地必像尼罗河高涨翻腾，像埃及的大河退落。到那日，这是耶和华的宣告：我必使太阳在正午落下，在白昼使地变成昏暗。我必使你们欢乐的节期变为悲哀的日子，把你们的歌声都变为哀哭。我必使你们各人腰束麻

带，头都剃光了；我必使你们悲哀，好像丧了独生子，自始至终都是痛苦的。"（摩8：7-10）

这是我们原本的生活轨道。耶稣的死是改变这一轨道的唯一途径。这就是为什么耶稣必须上十字架的原因。他进入了我们都在奔向的大黑暗之中。他代替我们而死，由此，我们可以免受这种审判，活在神的同在之中，活在光中。我们如何能确定呢？让我们回到《马可福音》：

有些站在旁边的人听见了就说："看，他呼叫以利亚呢。"有一个人跑去拿海绵浸满了酸酒，绑在芦苇上，递给他喝，说："等一等，我们看看以利亚来不来救他。"耶稣大叫一声，气就断了。圣所里的幔子，从上到下裂成两半。站在他对面的百夫长，看见他这样断气，就说："这人真是神的儿子！"（可15：35-39）

别忘了，圣殿里的幔子可不是轻轻的一层薄纱。它很厚重，几乎如同一堵墙。幔子把充满神荣耀同在的至圣所与圣殿其他部分隔开，不让人进到神的面前。我们还当记得，只有最圣洁的国度（犹太人）中最圣洁的人（大祭司），在全年最圣洁的那天（赎罪日），才能进入至圣所，而且，他必须带着带血的祭物，为人赎罪。圣殿中幔子的存在，最为清楚地向人宣告，任何有罪的人——任何活在灵性黑暗中的人——绝无可能来到神面前。

在耶稣死亡的那一刻，这又大又重的幔子裂开了，从上到下裂为两半，以此显明是谁裂开了这幔子。借着幔子裂开，神对人类说："这是终结一切祭物的祭物，如今道路已经敞开，任何人都可以到我这里来。"耶稣已经死了，凡信靠他的人如今都可以来到神面前。神人之间的障碍已经挪开。我们生命的轨道，如今再次永久性地导向神，向神伸展。这一切之所以成为可能，是因为耶稣基督已经为我们的罪付上了赎价。如今每个人都可以进到神面前。

为了确保我们明白这一点，马可立刻让我们看到第一位进到神面前的人：那位百夫长。他承认说，"这人真是神的儿子"。这一认信极为重要。为什么？因为在《马可福音》1：1，马可就明确提到"神的儿子耶稣基督"。可是，在《马可福音》叙事中，直到目前为止，尚无任何人清楚明白那个宣告。门徒们的确已经称他为基督，但是在当时盛行的文化中，并没有人（包括门徒们在内）认为基督是神。耶稣的教导以及他的大能作为，甚至他在大祭司面前的见证，都在指明他是神。人们也一直在询问，"这到底是谁?"但是，真正明白这真理的第一人，竟然是这个监督耶稣死刑的百夫长。

这看起来太不可思议了，因为这个百夫长是罗马人。当时罗马的每一枚硬币上都刻着这样的字样："凯撒提庇留，神圣奥古斯都的儿子"。忠诚的罗马人只称一个人为

"神的儿子"，那就是皇帝凯撒。但是，这个百夫长竟然把这称呼给了耶稣。他是一个硬汉，当时的百夫长与贵族不同，不是生而拥有百夫长的军衔。他们靠自己身经百战，从士兵升到如今的职位。因此，这个人必定屡经沙场，他见过多少死人，杀过多少人，超过你我的想象。

这是一个刚硬、残暴的人，但是，某种东西穿透了他的灵性黑暗。他成了第一位承认耶稣基督神性的人。

在这个百夫长和十字架周围的那些人之间，存在着一个鲜明的对比。耶稣多次告诉门徒们，这个日子将要来临，但是门徒们此刻完全懵了。而那些宗教领袖们一直试图探寻神最深奥的智慧，却又拒绝神的智慧。

到底是什么穿透了百夫长的灵性黑暗？他如何突然踏入灵性的光明之中？我思考这个问题差不多有三十年之久了，我试图搞明白，为什么这个百夫长成为第一个明白耶稣是谁的人。我认为照进他内心黑暗的亮光来自于：百夫长听见了耶稣的呼喊，并且看到耶稣是怎么死的。

在过去几十年当中，我只有一次见过一个人真正咽下他最后一口气。我当然无法忘记那样的经历。或许你也有过一两次类似经历，在一个人咽下最后一口气时，你站在他的身边。但是，这个百夫长见过许多人临死前的状态，其中许多人是他亲手处死的。即使是这么一位百夫长，耶稣的死对他来说也是独特的，是他从未见过的。他看到耶稣的死中有着某种不同于任何人的东西。耶稣的死极为血腥恐怖，但耶稣基督的柔和肯定深深刺入他的刚硬；耶稣之死中的美丽，如光驱除了他内心的黑暗。

黑暗之美

基督信仰宣讲神自己在基督里真正受难，并且在受难中"大声喊叫"。如此信仰是独一无二的。但是，这种独特宣告意义何在？对于那些聚集在十字架周围的耶稣的跟从者来说，这种受难毫无意义。但是，他们与我们一样，渐渐意识到，耶稣受难对他们有着巨大的益处。为什么？因为他们最终会明白，他们所亲眼看到的十字架，是神在人类历史中所彰显出来的最伟大的爱、权能与公义的作为。为了拯救我们，神来到世上，受辱受难，最后死在十字架上。这是神爱我们的终极明证。

当**你**落在苦难中时，你或许对自己受难的原因毫无所知，如同陷入黑暗一般。所遭遇的似乎对你毫无益处，如同耶稣的苦难对门徒一样。但是，十字架告诉你，你的苦难**不是**出于某些原因。你有苦难，不是因为神不爱你，不是因为神对你没有计划。你有苦难，不是因为神抛弃你。神抛弃耶稣，是为我们的罪付上代价，因此父神再也不会抛弃你。十字架显明了神爱你，神知道苦难对你意味着什么。同时，十字架更表明，即使在你落入一种处境，好像所发生的一切都没有道理、没有原因、没有意义时，神依然正在你的生命中动工。

即使著名的存在主义者加缪（Albert Camus）也意识到，如果你仰望十字架，你再也不可能以同样的方式经历苦难。加缪这样说：

> 神-人（基督）也受难，以巨大的忍耐受难……他也被击打破碎而死。各各他山的那黑夜，对人类的意义如此重大，因为在黑暗中，神显然放下所有特权，承受苦难，坚忍到死亡痛苦的最深处，包括极度的绝望。[3]

耶稣基督不仅为我们当受的死而受死，他还为我们活出了我们应当活出却不能活出的生命。他代替我们活出完美的顺服。这无关乎你是百夫长、妓女、杀手，还是牧师。殿中的幔子已经从上到下裂为两半。神人之间的一切障碍已经挪开。如今有赦免和恩典为你存留。

百夫长"听到他大声喊叫"，马可如此记载是有意迫使你听到耶稣的喊叫。如果你仔细听那喊叫——**我的神，我的神，你为什么离弃我？**——你也可以同样看到基督苦难中的美丽与柔和。如果你看到耶稣基督甘愿失去天父无限的爱，为要让你尝到他对你的无限的爱，那么这份爱一定可以融化你内心的刚硬。无论你是谁，那爱能开启你的眼睛，驱除你内心的黑暗。你能最终摆脱那些控制你生命、令你着迷、让你远离神的东西。耶稣基督所经历的黑暗，能驱散和销毁我们的黑暗，他的柔和、光明和生命，能代替我们的刚硬、黑暗和死亡。

我唯一一次亲身面对死亡是在我被确诊得了甲状腺癌之时。从一开始医生就告诉我，这癌症是可以治愈的。可是，当我被注入麻醉药准备手术时，我仍在思想结果究竟会怎样。你或许出于好奇想知道，在那样的时刻，跳入我心中的是哪段圣经经文。坦白地说，那时我想到的是《魔戒》中的一段话。那段话出现在第三卷差不多快要结束的地方，那时邪恶和黑暗似乎来势凶猛。作者托尔金这样向我们描述英雄山姆的思想：

山姆望见一颗白星闪烁了一会儿。当他的目光越过这片遭弃的土地，眺望那颗美丽的星星之时，他心头顿时一亮，重新燃起希望。脑海里升起一个警醒而清晰的念头：到头来，魔影不过是转眼即逝的乌云，而光明与美丽永远是它无法企及的。他在塔楼里唱的歌与其说充满了希望，倒不如说表达了抗争，因为当时他只想到了自己的命运。然而此时此刻，他突然不再为自己……的命运操心了。他……抛开一切恐惧，坠入沉沉的梦乡。[4]

我记得在那刻所想到的：这段话都是真的。因为耶稣为我们死了，邪恶不过是一件转瞬即逝的事——一个阴影罢了。那光和高远的美是不可触及的，因为邪恶倾倒在耶稣身上。那本可以永远毁灭我们的黑暗已经倾倒在他身上。无论在我的手术过程中发生什么，都不重要了——无论如何，神自有美好的安排。其实，在一切事上，神都有美好的安排。

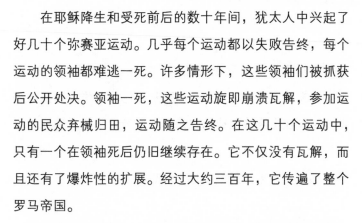

第18章 开始

在耶稣降生和受死前后的数十年间，犹太人中兴起了好几十个弥赛亚运动。几乎每个运动都以失败告终，每个运动的领袖都难逃一死。许多情形下，这些领袖们被抓获后公开处决。领袖一死，这些运动旋即崩溃瓦解，参加运动的民众弃械归田，运动随之告终。在这几十个运动中，只有一个在领袖死后仍旧继续存在。它不仅没有瓦解，而且还有了爆炸性的扩展。经过大约三百年，它传遍了整个罗马帝国。

在这些弥赛亚运动当中，究竟是什么使得基督信仰与众不同？基督徒会说，这得归功于这个运动的领袖被杀**之后**所发生的事。那么，在它的创始人死后，究竟发生了什么，使得基督教有了如此爆炸性的扩展？让我们回到《马

可福音》:

耶稣大叫一声，气就断了。圣所里的幔子，从上到下裂成两半。站在他对面的百夫长，看见他这样断气，就说："这人真是神的儿子！"也有些妇女远远地观看，她们之中有抹大拉的马利亚，小雅各和约西的母亲马利亚，以及撒罗米。这些妇女，当耶稣在加利利的时候，就一直跟随他、服事他。此外，还有许多和他一同上耶路撒冷的妇女。到了晚上，因为是预备日，就是安息日的前一日，一个一向等候神国度的尊贵的议员，亚利马太的约瑟来了，就放胆地进去见彼拉多，求领耶稣的身体。（可15：37－43)

耶稣死于下午三点钟左右，安息日则是从日落时开始。根据犹太律法，安息日不可从事任何工作。这意味着他们不能在当天晚上或第二天埋葬耶稣。因此，约瑟去见彼拉多，希望能及时埋葬耶稣。他是法利赛人，竟然要求埋葬耶稣，可见他勇气不凡，思想独立。马可记载：

彼拉多惊讶耶稣已经死了，就叫百夫长前来，问他耶稣是不是死了很久。他从百夫长知道了实情以后，就把尸体给了约瑟。约瑟买了细麻布，把耶稣取下，用细麻布裹好，安放在一个从磐石凿出来的坟墓里，又滚过一块石头

来挡住墓门。抹大拉的马利亚和约西的母亲马利亚都看见安放他的地方。（可15：44-47）

马可记载埋葬耶稣的方式很重要。他是在向我们"作证"，耶稣真的死了。在此提到亚利马太人约瑟，是要表明耶稣的死有着可以确认的证人。是约瑟包裹了耶稣的尸体，把他放在坟墓里，并滚过一块石头挡住墓门。提到罗马的百夫长（他是处死犯人的专家），他可以向彼拉多（在这件事上是法律权威）作证，耶稣死了。最后提到两个妇人，她们也是耶稣被埋葬的证人。因此，诸多专家和见证人一起证明，耶稣的死亡是真实的。但是，马可还有更多的话要说：

过了安息日，抹大拉的马利亚、雅各的母亲马利亚和撒罗米，买了香膏，要去膏耶稣。礼拜日的大清早，出太阳的时候，她们就来到坟墓那里，彼此说："谁可以给我们滚开墓门的石头呢？"（可16：1-3）

马可的记载有着奇怪的冗赘。在短短八节经文当中，马可三次提到这些妇女见证人的名字：抹大拉的马利亚，雅各和约西的母亲马利亚，以及撒罗米。圣经学者鲍克汉姆指出，马可这样做是在以另外一种方式告诉我们，他所记载的是一桩历史事实，他不是在写传奇故事。重复提到这些妇女的名字，是引证资料出处——我们可以称之为注脚。马可在写作这卷福音书时，这些妇人一定还活着，否则他不会反复提到她们的名字。马可通过这些名字向他的读者说："如果你要调查我所记载的是不是真实，你可以去问问这些妇女。她们还活着，你可以验证我所说的每件事。"[1] 那么，这些妇女见证的是什么呢？她们买了香料，要去墓地膏耶稣的身体，完成安葬耶稣的仪式。马可继续写道：

……彼此说："谁可以给我们滚开墓门的石头呢？"原来那块石头非常大，她们抬头一看，却见石头已经滚开了。她们进了坟墓，看见一位身穿白袍的青年，坐在右边，就非常惊恐。那青年对她们说："不要惊慌！你们寻找那钉十字架的拿撒勒人耶稣，他不在这里，已经复活了；请看他们安放他的地方。你们去告诉他的门徒和彼得：他要比你们先到加利利去，你们在那里必定看见他，正如他从前告诉你们的。"（可 16：3 - 7）

"他不在这里，已经复活了！"你能想象这些妇女当时的感受吗？听到这些话，她们会怎么想呢？她们的目标很清楚，来到坟墓，是要膏一具尸体。可是，她们没有看到尸体，却听到这样的话："他不在这里，已经复活了！"

但是，她们实在不应该觉得震惊。你还记得吗？在

《马可福音》中，耶稣多次告诉门徒们，"第三日我要复活"，在《马可福音》8章、9章和10章中先后说起。你读《马可福音》时可能早已领略到马可的写作风格：叙事简明扼要。如果马可三次引述耶稣的讲论，那么可能意味着耶稣一而再、再而三地讲论这件事。**我将要受死，第三日复活。我要在第三日复活。我要在第三日复活。我要在第三日复活。**

这样的重复说明某种重要的事将要发生。耶稣死后第三天，男门徒都没有出现，出现的是这些女门徒。她们带着贵重的香料，照着传统习俗，要膏耶稣的尸体。她们中间没有任何人期望耶稣会复活。如果你是福音书作者马可，试图写一本可信的小说，你让耶稣反复对他的门徒说他要在第三天复活，那么，之后你会怎么写？你会不会至少让一个门徒在耶稣死后想到，并且对其他人说："哎，现在是第三天了。我们或许应当去看看耶稣的坟墓。看一眼又何妨呢？"只有这样写，才是最合理的。但是，没有任何门徒说过那样的话。事实上，他们完全没有期待过耶稣会复活。他们根本没有这种想法。因此，出现在空坟墓中的天使不得不提醒那些妇女，"你们在那里必定看见他，**正如他从前告诉你们的**"。如果马可杜撰了这个故事，他不可能这么写。

这里的关键点是：耶稣复活对第一代门徒而言是不可思议的，也是难以置信的，这对今天我们中的许多人来说也是一样。只是他们不信的理由与我们似乎有些区别。希腊人不相信复活。希腊世界观认为，死亡是灵魂脱离身体的囚禁。对他们来说，身体复活绝对不是死后生命的一部分。至于犹太人，他们中间有些人相信，在未来整个世界被更新时，众人都要复活。但是，他们并没有个体从死里复活的概念。耶稣时代的犹太人并不比我们现代人更容易相信死人复活。

公元二世纪的希腊哲学家塞尔修斯（Celsus）极为敌视基督教，写过不少文章陈述他反对基督教的理由。其中，他认为最有力的论据是：基督教不可能是真的，因为耶稣复活的记载是根据女人的见证，而女人是不可靠的。塞尔修斯的许多读者都同意，这是一个大问题，一个主要问题。你知道，在古代社会女性是被歧视、被边缘化的，女人的见证被认为是不可信的，也从来不被当一回事。

你知道这意味着什么吗？如果马可和基督徒们捏造这些没有事实根据的故事，为他们的弥赛亚运动造势，他们绝对不会把这些妇女写进故事，让她们成为耶稣空坟墓的第一批见证人。她们出现在这些叙事中的唯一理由，是因为她们确实在场，报告她们所看到的一切。坟墓门口的石头已经被挪开，坟墓是空的，天使宣告，耶稣已经复活。

随后，天使告诉她们："你们去告诉他的门徒和彼得：他要比你们先到加利利去，你们在那里必定看见他。"设想一下，或许天使本可以这样说："你们去告诉那些不忠不信、落井下石的胆小鬼们，如果他们低头认罪，耶稣或许会见他们——他们最好俯首屈膝认罪。"如果天使真的传递这样的信息，也合情合理。我们都看到那些门徒对耶稣所做的。但是，耶稣通过天使向门徒们传递的信息是，"我要见你们。我先去。我会等候你们。我要你们回转。"关于那次会面的细节，《路加福音》中有记载：

> 正说这话的时候，耶稣亲自站在他们当中，说："愿你们平安。"他们非常惊怕，以为看见了灵。他说："你们为什么惊慌，为什么心里疑惑呢？你们看我的手、我的脚，就知道我是谁。摸我看看，灵没有骨，没有肉；你们看，我是有的。"说了这话，就把手和脚给他们看。他们欢喜到不敢相信，并且很惊奇。耶稣说："你们这里有什么吃的没有？"他们就给了他一片烧鱼。他接过来，在他们面前吃了。主对他们说："这就是我从前与你们同在的时候，对你们说过的话：摩西的律法、先知书和诗篇上所记关于我的一切事，都必定应验。"于是他开他们的心窍，使他们明白圣经；又说："经上这样记着：基督必须受害，第三天从死人中复活。"（路24：36－46）

复活的基督看起来是什么样子呢？基督复活的身体有骨有肉，他不是一个灵。门徒们能够认出他，触摸他。他与他们交谈。但是，这一切会不会只是群体幻觉呢？

绝对不是，因为不只是门徒们看到耶稣，触摸耶稣。使徒保罗有一个长长的名单，上面的那些人都宣称见到过复活的基督。保罗还提到，**"他们中间大多数到现今还在"**（林前15：6）。如果彼得说他没有见过复活的耶稣，保罗怎么能写彼得说他见过复活的耶稣？

保罗提到复活基督的五次显现，其中一次向五百人显现。四福音书也记载了复活基督的七次显现。《使徒行传》1：3-4告诉我们，耶稣不断向许多人显现，有四十天之久。如此多的人在许多场合看见复活的耶稣，这绝对不能让人下结论说，所有这些人看到的都是幻觉。我们能得出的结论只能是，要么这些人确实看见复活的耶稣，要么这数百人参与集体造假长达几十年。保罗在《哥林多前书》15章讲述基督复活的见证人时，他的意思是，如果你愿意的话，你可以找那五百人中的任何人，与他们谈谈。如果这是骗局，它必须长久掩盖，每个同谋者必须守口如瓶，把秘密带进棺材。否则，秘密早晚会泄漏，骗局终究会被揭穿。

再者，一群胆怯的门徒如何脱胎换骨成为一群领袖，这需要有合理的解释。他们中间许多人继续过着牺牲的生活，也有许多人因为传讲耶稣复活而被杀殉道。

空坟墓、众多见证人、耶稣门徒们生命的改变，这三方面的证据交织在一起，让我们确信耶稣已经从死里复活。

耶稣已经复活，正如他告诉门徒的那样。一个罪犯服刑期满之后，法律不能再拘禁他，他自由了。耶稣基督来到世上，为要替我们付清罪罚。那是一种无限的刑罚，他完全承担了，完全满足了刑罚的要求。那个复活的主日，他服刑期满，走出死亡的囚禁，自由了。基督复活，犹如神以他自己的方式在整个人类历史上盖了一个"完全付讫"的钢印，以致无人可以对此视而不见。

他完成了

当耶稣在十字架上大声喊叫"我的神，我的神，你为什么离弃我?"时，他是在回应《诗篇》22篇。这首诗预言了众人要嘲讽他，为他的衣服拈阄。这首诗在结尾时从苦难转向得救:

求你搭救我的性命脱离刀剑，搭救我的生命脱离恶狗的爪。

求你拯救我脱离狮子的口，拯救我脱离野牛的角。你已经应允了我。……

因为他不轻看，不厌恶受苦的人的痛苦，

也没有掩面不顾他;受苦的人呼求的时候，他就垂听。……

地的四极，都要记念耶和华，并且归向他。

列国的万族，都要在他（"他"有古抄本作"你"）面前敬拜。

因为国度是属于耶和华的，他是掌管万国的。

地上所有富足的人，都必吃喝、敬拜；

所有下到尘土中，不再存活的人，都在他面前屈身下拜。……

他们要把他的公义传给以后出生的民，说明这是他所作的。

（诗 22：20 - 21，24，27 - 29，31）

如果耶稣真的完成了——如果他真的复活了——那就意味着，马可记载的这个世界的故事是真实的。耶稣的确是神的儿子，是真正完美的大君王。他来到世上，为我们的罪死在十字架上；借着相信他所成就的，我们脱离了永恒的审判，进入到神的同在中，直到永永远远。在《约翰福音》中，耶稣这样说道：

我就是复活和生命；信我的人，虽然死了，也要活着。所有活着又信我的人，必定永远不死，你信这话吗？
（约 11：25 - 26）

他的死，意味着我们不死；他的复活，意味着我们也要复活。

我们若信耶稣死了，又复活了，照样，也应该相信那些靠着耶稣已经睡了的人，神必定把他们和耶稣一同带来。（帖前 4：14）

如果耶稣**没有**复活，马可告诉我们的世界故事就只是虚构而已。使徒保罗针对这一点讲得非常清楚：

倘若没有死人复活的事，基督也就没有复活了。如果基督没有复活，我们所传的就是枉然，你们的信也是枉然，我们也会被人认为是替神作假见证的了，因为我们为神作过见证说，他使基督复活了。如果死人没有复活，神也就没有使基督复活了。因为如果死人没有复活，基督也就没有复活。基督若没有复活，你们的信就是徒然，你们仍在你们的罪里。那么，在基督里睡了的人也就灭亡了。如果我们在基督里只在今生有盼望，就比所有人更可怜了。（林前 15：13 - 19）

基督复活的真理具有至高的、永恒的重要性。它是整个世界故事旋转的枢纽。

盼望未来

如果你相信复活是真的，那会怎样呢？你就会相信耶稣为了拯救你，死在十字架上——他会重新调整你的人生轨道，使你义无反顾地奔向神。你相信神透过他至高的恩典行动，因着耶稣的缘故，已经接纳你，如今你已经是神国度的一分子了。此外，还有什么？基督复活对你**当下**的生活有意义吗？当然有。

以赛亚、阿摩司，以及其他众先知，都曾预言神在未来为我们所预备的一切——神的国、新天新地、被医治的被造物："豺狼必与绵羊羔同住，豹子要与山羊羔同卧，牛犊、幼狮和肥畜必同群；小孩子要牵引它们。"（赛11：6）整个被造界在物质、灵性、社会以及经济意义上，全然和谐完整，生机勃勃。在《马太福音》11章，施洗约翰从监狱差派人去问耶稣："你真的是弥赛亚吗？是带来神国的那位吗？"耶稣回答说："就是瞎的可以看见，瘸的可以走路，患麻风的得到洁净，聋的可以听见，死人复活，穷人有福音听。"（太11：5）基督所说的正是神的国——"沙龙"（shalom），它使被造界中所有的关系都得到完全的医治。我们将与神和好，与大自然和好，与其他人和好，也与自己和好。

一旦你意识到那种荣耀的未来对你而言是真实的，它就将改变关乎你如何活在当下的每件事。比如，我们为什么难以面对苦难？为什么难以面对残疾和病痛？为什么选择做正当的事情这么难，尤其当你知道它会耗费你的金钱，损害你的名声，甚至搭上你的生命时？为什么你如此难以面对自己的死或所爱之人的死？答案在于，我们认为这个破碎的世界是我们拥有的唯一世界。我们很容易觉得，这些财富是我们所能拥有的唯一财富，我们的身体是我们唯一能拥有的身体。如果耶稣复活是真的，那么你的未来必定更美丽，你的未来比你所拥有的一切更确定。

每年复活节我都会想到塔达（Joni Eareckson Tada）。十七岁那年，塔达遭遇了一场严重事故，从此高位截瘫。在努力从可怕事故的影响中慢慢恢复的日子里，她坐着轮椅去了教会。她发现，坐在轮椅上有个问题。主日参加教会崇拜，在崇拜礼仪中，牧师有时邀请众人跪下来。她却做不到，因为她离不开轮椅。有一次她参加大会，讲道者要求所有人跪下来祷告。人人都能跪下，唯独她不能。"看到人人可以跪下，唯有我不能。我的泪水止不住流下来。"但是，她流泪，不是出于自怜，而是看到成百上千的人跪在神面前是如此美丽——"一幅天堂景象"。随后，另一种思绪涌上心头，让她泪流不止：

坐在那里，我突然想到，在天堂我就真正自由了。我可以自由地跳跃，舞蹈，踢脚，做有氧运动。在羔羊的盛大婚筵上，众客人被邀请入座之前……我要做的第一件事，是用我复活的双腿，用我得荣耀的双膝，跪下来感恩。我要安静地伏在基督的脚前。[2]

然后，她补充说："我如今手指枯干弯曲，肌肉萎缩，膝盖扭曲变形，双肩以下没有感觉。到那日，我会有一个全新的身体，轻快、闪亮、身着义袍、尊贵华丽。你能想象基督复活带给一个像我这样脊柱损伤的人何等的盼望吗?"[3] 唯有在耶稣基督的福音里，人们才能找到如此巨大的生活盼望。唯有基督福音所应许给予我们的，才不只是一个新的心灵，还有新的身体。未来的身体远比我们现在的身体更不可毁坏、更完全、更美丽。它们的样式、功能和耐力，是我们现今的身体所不能比拟的。

　　如果你现在不能跳舞，却渴望跳舞，在复活的日子，你的舞姿一定是最美的。如果你现在觉得孤独，在复活的日子，你将要拥有纯全的爱。如果你现在觉得内心空虚，在复活的日子，你会得到完全的满足。我们如今普普通通的生命，在那时将要得到完全的救赎。在世界上，没有任何东西比我们的生命更美好、更尊贵，只是这种生命总是渐渐凋零，走向衰亡。平凡生命所在的这个世界，有饮食，有工作，有火炉边的靠椅，有拥抱，有舞蹈，有群山。神爱这个世界，神爱我们，甚至把他的独生子赐给我们。不仅人要得到救赎，这个普通世界其他的一切也要得到救赎，成为完美。神已经为我们预备存留了这一切。

　　如果你知道，这个世界不是唯一存在的世界，这个身体不是唯一拥有的身体，这个生命不是你拥有的唯一生命——当那日来临时，你要拥有一种**完美**的生命，一种真实具体的生命——你还会在乎别人怎么对待你吗？不会。如此盼望，让你可以脱离许多忧虑烦恼，在当下活得更有勇气，更有冒险精神。你能面对生活中的困境和苦难，即使坐在轮椅上，生命仍旧充满夺不走的喜乐和盼望。复活意味着我们可以带着盼望向前看，看到我们的苦难终要结束的日子，甚至看到我们的苦难将要成为荣耀的日子。当耶稣让门徒们看他的手和脚时，他是在向他们展示他的伤痕。门徒们上次看到耶稣时，他们以为那些伤痕在毁灭他们。门徒们本以为自己是在为总统竞选呐喊助阵，以为他们的候选人会赢得竞选，他们会因此得到回报，进入总统内阁。可是，当他们看到钉子钉入耶稣的手和脚，长矛刺入他的肋旁时，他们以为那些伤口毁灭了他们的生命。现在耶稣向他们表明，在他复活的身体上，他的伤痕仍旧清晰可见。

为什么这一点如此重要？因为门徒们现在明白那伤痕的意义了，他们的叹息和苦难记忆加添了他们如今生活的荣耀和喜乐。耶稣基督身体上的伤痕，提醒他们基督为他们所成就的一切——他们以为那些毁了他们生命的伤痕，事实上成了他们的拯救。记住那些伤痕，足以帮助他们面对和承受他们自己的十字架。

当主的日子——神更新万有的日子，阴云惨淡完全消散的日子——来临时，你的悲哀和伤痛也将会是这样。到那日，你将发现，那些发生在你生命中的最糟糕的事，最终只会增加你永恒的喜乐。到那日，一切都将更新和翻转，你要经历的喜乐绝非世上所能想象的喜乐。那荣耀的大喜乐，远比如今你生命中所承受的每一道伤痕更大、更深。

因此，你要带着复活的盼望生活，活在万有将要被更新的光芒之中，活在那荣耀、永不止息、喜乐的恩典之舞中。

跋

作为牧师，多年来，我与成百上千人交谈，谈论他们信仰上的困惑，谈论他们在信心和怀疑之间的挣扎，也听到人们拒绝接受基督信仰的种种理由，其中我最常听到的理由是，基督教"太老套了"，或者说，"太逃避现实了"。有人曾经对我说，"我知道为什么人们要去教会。他们去教会是寻求自我安慰，是希望听到有一天神会将一切都变好，这让他们得到安慰。圣经故事、耶稣故事的确很能安慰人，但是，最终那不过是自我安慰而已。"

我们时代具有的特征，是人类历史上前所未有的。人们普遍相信，好的收场、幸福的结局，那是拙劣的三流艺术的标志。为什么？许多人似乎很肯定，生命从根本上讲是没有意义的；幸福的收场、大团圆的结局，最多也只是在误导人。似是而非、啼笑皆非、讽刺好笑、挫败受伤，才是对生活的更好描绘。幸福的收场和大团圆的结局可能适合儿童故事，但不适合有思想的成人。"成人"艺术，比如肥皂剧《宋飞正传》（*Seinfeld*）或话剧《等待戈多》（*Waiting for Godot*），有意颠覆传统叙事的连贯性，刻意逃避皆大欢喜的结局。

这可能就是斯皮尔伯格（Steven Spielberg）一直与奥斯卡奖无缘，直到他停止制作大团圆结局的电影为止的原因。其实，直到目前，有着童话故事般结局的电影仍旧是他最受欢迎的电影。影评家看到这一现象会不屑一顾地说："逃避"现实生活的电影总是受人欢迎。

为什么电影评论家嗤之以鼻的电影，却长久受到大众的欢迎呢？托尔金对此的解释并不比那些影评家逊色。他强调，那是因为人们感受到，大团圆的结局并非逃避现实；皆大欢喜的故事结局，在某种意义上是真实的。托尔金在他著名的文章《论童话故事》（On Fairy-Stories）中解释了他的观点。他认为，最令人满意的故事，是**化解灾难**（*eucatastrophe*）的故事。希腊文 *katastrophe*（灾难）是指改变世界的、戏剧性的转折。那么，托尔金所说的"化解灾难"是什么意思呢？

童话故事欢乐的结局……从本质上来说，不是"逃避"，也不是"无视"现实世界……它不是否认灾难、愁苦和失败的存在：这些可能性的存在，对从苦难中得到解救（*eucatastrophe*）的喜乐是必要的。它（在大量证据面前）否认的是宇宙性的最终失败，因此它传递的是一种好消息（*evangelium*），让人们借着童话故事结局的欢乐，一瞥那宇宙终极故事结局的喜悦，那是超越一切凄楚悲伤、非世界所能给予的喜悦……当"转机"突然来临，我们得以一瞥穿透内心的喜悦，心灵的渴望一度跳出故事的框架，甚至撕裂故事的经纬，让一线光芒进入人心。[1]

托尔金继续说道，人们感觉到这样的故事指向某种背后的实在。当我们阅读或观看这些故事时，我们被告知，世界的确充满了危险、忧患和悲剧，尽管如此，每件事**的确**是有意义的，善恶之间也**的确**是有区别的。最为重要的是，良善最终**一定**会战胜邪恶，我们甚至能"逃出死亡"——托尔金认为，这是典型的圆满结局。

本书根据《马可福音》追溯耶稣基督的生平。《马可福音》行文生动，情节曲折，令人惊叹。整个故事叫人信服，让人看到从失败的绝境中神奇地挣脱出来的宇宙性大胜利。这的确是一个感人的故事。但是，仅此而已吗？福音和那些有着大团圆结局的故事一样，只是短暂地给予我们情感上的激励吗？

绝对不是。福音所给予我们的更多。而托尔金自己在他那篇文章的结尾解释了原因。从前在牛津齐尔维河(River Cherwell) 边爱迪森路 (Addison's Walk) 上，他以类似的理由说服了他的好友 C. S. 路易斯。他指出，耶稣的福音故事不只是许多伟大故事中的一个故事，指向某种故事背后的实在而已。[2] 相反，耶稣基督的故事，是世界上所有故事都指向的那背后的故事。它给予我们的不只是转瞬即逝的启迪，因为基督的故事是那终极的真故事，它真实地发生过。

"喜悦"在一个成功童话故事中的独特品质，可以被看作是突然瞥见那背后的实在或真理……福音故事包含……一个更大的故事，涵盖了所有童话故事的本质内涵……但是，这个故事已经进入人类的历史和起初的世界……基督降生是人类历史中的救赎时刻，基督复活是道成肉身故事中的救赎时刻。这个故事以喜乐开始，也以喜乐结束……从来没有任何童话像福音故事那样，声称人们向往的喜乐是真实的；也没有任何童话像福音故事那样，让如此众多的怀疑主义者接受它本身的真实性。

耶稣基督复活的事实，不仅仅让我们在阅读福音故事时被激励，也为我们带来改变生命的大能。设想一下，在古代中东安提阿城，有人向一群奴隶布道，说："哎，你们知道吗？耶稣复活只是一个感人的故事。它只是告诉你，在某种意义上，善要胜过恶。因此，让我们善待彼此吧。"难道这些奴隶会说，"太棒了！这个信息改变了我们的命运，把我们所遭遇的无尽磨难和压迫转换为充满盼望的胜利"？他们当然不会这么说。这根本不是使徒保罗在地中海周围城市所传讲的信息。他所传的是，"他们**看见**过他，**触摸**过他。他确实复活了。他的复活证明神国是真实的，并且将要得胜。如果你相信，你现在就可以进入他的领域和权能。"[3] 耶稣的故事能够改变我们的生命，因为它是真实的。

福音故事绝不煽情，也不逃避现实。事实上，它对邪恶和苦难极为严肃，因为福音向我们宣讲，无人能拯救自身脱离罪恶和死亡。若非神儿子耶稣基督的死，没有任何东西可以让我们靠着得到拯救。但是，基督确实从死里复活了。这一"欢乐的结局"有着极大的权能，足以医治一切悲伤痛苦，甚至可以吞灭十字架的苦难。复活的权能极大无比，使相信基督的人完全可以有力量面对生活中的悲伤、痛苦和破碎的深渊。如果我们拒绝相信福音，其他感人故事的大团圆结局可能也会让我们喜极而泣，但是，那种艺术魅力很快就会消退，因为我们的心智会告诉我们，"真实的生活并非如此"。但是，福音的感染力、震撼力和改变人生命的大能，是艺术魅力所不能比拟的。如果相信福音，我们的心灵会渐渐得到医治，从福音而来的内在力量，可以帮助我们面对生命中最黑暗的时刻，因为我们知道生命的确就像福音故事所展示的那样。我们之所以有力量，是因为耶稣基督！我们的忧伤痛苦，甚至我们所经历的灾害苦难，都将融化在神的目的及其奇异恩典之中。"那时，经上的话就应验了：'胜利了！死亡已经被吞灭。'……感谢神，他借着我们的主耶稣基督，把胜利赐给我们。"（林前15：54，57）

神学家詹森（Robert W. Jenson）在一篇有名的文章中指出，我们的文化正处于极大的危机之中，因为现代世界"已经丧失了它的故事"。[4] 我们曾经相信，生命是有目的的，有些东西值得我们为之而活，解决世界的苦难是有希望的。但是，如今许多人会说，这些想法太幼稚，不切实际。

然而，马可让我们看到耶稣基督的故事，并且宣告说，这个故事也是世界真实的故事：耶稣基督是那位真正的大君王，他在爱中创造万有；他有权能和美丽，让他的计划和目的贯穿世界，直到世界达致荣耀的结局；我们所扭曲伤害的一切，最终都要被转化更新。为了完成他的目的和计划，他来到世上，付上他的生命；三天后，他从死里复活；他还要再来，更新万有。

福音是一切故事背后的故事，是人类的终极故事。它向人类表明，失败可以转化为凯旋，软弱可以转化为力量，死亡可以转化为生命，被抛弃的可以得到拯救。因为福音是一个**真实的**故事，它能给我们带来盼望，我们知道，生命确实就像福音故事那样。

福音故事也可以成为你的故事。神创造你，让你尽心、尽性、尽意爱他。但是，你迷失了。他来到世上，为要寻回你，为此他在十字架上付出生命的代价。他承受了你一切的黑暗，为要让你最后成为真正的自己，有着夺目的光彩；让你在他的永恒盛筵上坐席。

注 释

序言

1 Lisa Miller, *Newsweek* (March 25, 2010).

2 Geza Vermes, "Myth or History: The Hard Facts of the Resurrection," *Times of London* (April 6, 2009).

3 Nanci Hellmich, *USA Today* (March 23, 2010).

4 有关对福音书的怀疑是如何发展起来的,有两部很好的概括性著作,Ben Witherington, *The Jesus Quest: The Third Search for the Jew of Nazareth*, 2nd ed. (Downers Grove, Illinois: Inter-Varsity Press, 1997) 和 N. T. Wright, *Who Was Jesus?* (London: SPCK, 1992)。

5 一般性读物,见 C. Blomberg, *The Historical Reliability of the Gospels* (Downers Grove, Illinois: IVP, 1987); Craig A. Evans, *Fabricating Jesus: How Modern Scholars Distort the Gospels* (Downers Grove, Illinois: IVP, 2008); 以及更大众

化、更早的书，F. F. Bruce, *The New Testament Documents*：*Are They Reliable?* (Eerdmans，reissued 2003 with a forward by N. T. Wright)。分析持怀疑论立场的圣经学术研究背后的哲学假设，见 C. Stephen Evans, *The Historical Christ and the Jesus of Faith* (Oxford University Press，1996)；Alvin Plantinga，"Two (or More) Kinds of Scripture Scholarship," in *Warranted Christian Belief* (Oxford，2002)。

6 A. N. Wilson，"Why I Believe Again," *The New Statesman* (April 2, 2009). 威尔逊不同于赖斯，他回归基督信仰，更多的原因不是出于检视现代圣经研究的学术成果，而是看到了从哲学上拒绝基督教的软弱无力。《新政治家》刊载威尔逊回归信仰的文章时，还刊载了一张颇具讽刺意味的威尔逊照片，照片上他拿着 1992 年出版的持怀疑论立场的《耶稣生平》，如今他却向天上看，仰望天国。

7 Anne Rice, *Christ the Lord*：*Out of Egypt* (New York：Ballan-tine，2005)，p. 332. 赖斯与建制教会之间关系复杂，但是她回归基督信仰，是因为圣经对于耶稣的描绘让她感到值得信赖。

8 见 D. A. Carson and Douglas J. Moo, *An Introduction to the New Testament* (Grand Rapids：Zondervan，2005)，p. 173。

9 Emile Cailliet，"The Book That Understands Me," in Frank E. Gaebelein (ed.), *A Christianity Today Reader* (Tappan，NJ：Fleming Revell，1968)，p. 22.

10 Ibid.，p. 31。

第 1 章　舞蹈

1　C. S. Lewis, *Mere Christianity* (New York: Macmillan, 1977), p. 151.

2　Cornelius Plantinga, *Engaging God's World: A Christian Vision of Faith, Learning, and Living* (Grand Rapids: Eerdmans, 2002), pp. 20 – 23.

3　Lewis, p. 151.

第 2 章　呼召

1　J. R. R. Tolkien, *The Return of the King: Being the Third Part of the Lord of the Rings* (New York: HarperCollins, 2004), p. 1072.

2　C. S. Lewis, *The Last Battle* (1956; repr. New York: HarperCollins, 1994), p. 196.

3　George MacDonald, *The Princess and the Goblin* (London: Blackie and Son, 1888), pp. 155 – 212.

4　George MacDonald, *Sir Gibbie: A Novel* (Philadelphia: J. B. Lippincott, 1879), p. 149.

5　George MacDonald, *Lilith* (1895; repr. Charleston, SC: BiblioBazaar, 2007), p. 176.

6　Charles Wesley, "And Can It Be That I Should Gain".

第 3 章　医治

1　Reprinted in Cynthia Heimel, *If You Can't Live Without Me,*

Why Aren't You Dead Yet? (New York: Grove, 1991), pp. 13 - 14.

2 C. S. Lewis, *The Voyage of the Dawn Treader* (1952; repr. New York: HarperCollins, 1994), pp. 115 - 116.

第4章 安息

1 N. T. Wright, *For All God's Worth: True Worship and the Calling of the Church* (Grand Rapids: Eerdmans, 1997), p. 1.

第5章 权能

1 Richard Bauckham, *Jesus and the Eyewitnesses: The Gospels As Eyewitness Testimony* (Grand Rapids: Eerdmans 2006), p. 343ff.

2 引自 Bauckham, p. 343n。

3 Elisabeth Elliot, *Through Gates of Splendor: 40th Anniversary Edition* (Wheaton, IL: Tyndale, 1981), p. 267.

4 C. S. Lewis, *The Lion, the Witch and the Wardrobe* (New York: HarperCollins, 1978), p. 81.

5 George MacDonald, *The Princess and the Goblin* (London: Blackie and Son, 1888), p. 223.

6 "How Firm a Foundation," att. John Keith, 1787 (现代版)。

第6章 等待

1 Jacques Ellul, *The Technological Society*, translated by John

Wilkinson（New York：Knopf，1964）.

第7章 不洁

1 Franz Kafka，*The Basic Kafka*（New York：Pocket，1984），
  p. 169. 亦见 Franz Kafka，*The Trial*，Mike Mitchell trans-
  lator（New York：Oxford，2009）。

2 Aleksandr Solzhenitsyn，*The Gulag Archipelago*（New York：
  HarperCollins，2002），p. 312.

3 引自 Stuart Babbage，*The Mark of Cain：Studies in Litera-
  ture and Theology*（Grand Rapids：Eerdmans，1966），p. 17。

4 引自 Dorothy Sayers，*Creed or Chaos?*（New York：Harcourt，
  1949），p. 39。

5 Ibid. ，p. 38。

6 Christina Kelly，"Why Do We Need Celebrities?" *Utne Reader*
  （May/ June，1993），pp. 100 - 101.

7 评鉴性研究，见 Anders Nygren，*Commentary on Romans*，
  translated by Carl C. Rasmussen（Philadelphia：Muhlenberg，
  1949）。参见对《罗马书》1：17 的注释。马丁·路德也是这
  样解释这节经文的，尽管许多当代解经家有不同的解释。见
  Luthers Werke，Volume 34，p. 337。

8 《马太福音》5：18。

9 James Proctor，"It Is Finished."

第8章 靠近

1 James R. Edwards，*The Gospel According to Mark*（Grand

Rapids：Eerdmans，2002），p. 221.

2 John Newton, *The Works of the Rev. John Newton*, Volume
VI (Edinburgh：Banner of Truth，1985），p. 185.

第9章 转变

1 William Vanstone, *Love's Endeavour*, *Love's Expense* (London：Darton，Longman and Todd，1977).

2 见 A. M. Stibbs，"血是以暴力终止生命的一种可见记号，是
以死亡方式给予生命或夺走生命的象征。在这个世界上，给
予生命或夺走生命，是馈赠礼物或付上代价的极限，也是犯
罪或受罚的极限。"引自 Leon Morris, *The Cross in the New
Testament* (Grand Rapids：Eerdmans，1965），p. 219 n21。

3 James Edwards, *The Gospel According to Mark*, p. 254.

4 见《使徒行传》2：24；《哥林多前书》15：54－56。

5 C. S. Lewis, *Mere Christianity* (New York：Macmillan，1958），p. 174.

6 以这种方式解读这段经文，可参考 James Edwards, *The
Gospel According to Mark*, p. 260，他认为耶稣是指自己的复
活；亦见 D. A. Carson, *Matthew：The Expositor's Bible
Commentary* (Grand Rapids：Zondervan，1995），vol. II, p. 382。
卡森解读《马太福音》中的平行经文，认为是指教会的倍增。

7 C. S. Lewis, *Mere Christianity*, p. 175.

第10章 山上

1 C. S. Lewis, "The Weight of Glory," in *The Weight of Glory*

and Other Essays（New York：Simon and Schuster，1980），
pp. 36 – 37.

第 11 章　陷阱

1　Lamin Sanneh，*Whose Religion is Christianity?*（Grand Rapids：
Eerdmans，2003），p. 15；Philip Jenkins，*The Next Christen-
dom：The Coming of Global Christianity*（London：Oxford，
2002），p. 56.

2　"The Expansion of Christianity：An Interview with Andrew
Walls "，见于 http//www. religion-online. org/showarticle.
asp? title＝2052。

第 12 章　赎价

1　J. K. Rowling，*Harry Potter and the Philosopher's Stone*
（London：Bloomsbury，1997），p. 216.

2　C. S. Lewis，*The Lion，the Witch，and the Wardrobe*（New
York：Collier/Macmillan，1970），p. 169.

3　Richard Hays，*The Moral Vision of the New Testament：A
Contemporary Introduction to New Testament Ethics*（San
Francisco：Harper，1996），p. 90.

4　画作可见于 http：//www. zinzendorf. com/feti. htm。

第 13 章　圣殿

1　"The Excellency of Jesus Christ" in *The Sermons of Jonathan*

Edwards：*A Reader*，ed. W. H. Kimnach, K. P. Minkema, D.
A. Sweeney (New Haven：Yale, 1999)，p. 163.

2 有关约瑟夫的记载，见 Edwards, *The Gospel According to Mark*，p. 341。

3 爱德华兹解释说，人们很容易忽略旧约中的圣殿是让万国万民敬拜神的地方。见 *The Gospel According to Mark*，p. 343。

4 会幕是圣殿的前身，是以色列人在旷野漂流时可移动的圣殿。

5 John Owen, *The Death of Death in the Death of Christ*. 这本十七世纪的著作现在有多种版本，包括网上版本。巴刻（J. I. Packer）为该书再版所作的导言，篇幅不长，但相当有分量，值得一读。

第 14 章　筵席

1 D. A. Carson, *Love in Hard Places* (Wheaton, IL：Crossway, 2002)，p. 61.

第 15 章　苦杯

1 "The Martyrdom of Polycarp," in Cyril C. Richardson, *Early Christian Fathers* (New York：Macmillan, 1970)，p. 153.

2 John Foxe, *Foxe's Book of Martyrs* (New York：Oxford University Press, 2009)，p. 154.

3 C. S. Lewis, *Letters to Malcolm：Chiefly on Prayer* (New York：Harcourt, Brace, and World, 1963)，pp. 96－97.

4 Jonathan Edwards, "Christ's Agony"，可见于爱德华兹著作

的各种版本中。互联网上也可以找到。这里是引自 http：//
www. ccel. org/ccel/edwards/sermons. agony. html。

第 16 章　刀剑

1　C. John Sommerville, *The Decline of the Secular University*
（London：Oxford, 2006）, p. 70.

2　Michael Wilcock, *The Message of Luke：The Savior of the
World* （Downers Grove, IL：IVP, 1979）, p. 86.

第 17 章　结局

1　比如，见《以赛亚书》13：9, 10；《耶利米书》15：6 - 9。

2　比如，见《诗篇》84：11。

3　引自 Jurgen Moltmann, *The Crucified God* （Minneapolis：
Fortress, 1993）, p. 226。

4　J. R. R. Tolkien, *The Return of the King* （New York：
HarperCollins, 2004）, pp. 1148 - 1149. （中译文引自《魔戒》
第三部《王者无敌》，汤定九译，南京：译林出版社，2009
年，第 216—217 页。——译者注）

第 18 章　开始

1　鲍克汉姆对福音书是见证人之证言的论证，见本书序言。

2　Joni Eareckson Tada, *Heaven：Your Real Home* （Grand
Rapids：Zondervan, 1997）, p. 51.

3　Ibid. , p. 53.

跋

1 J. R. R. Tolkien, *Tree and Leaf* and *The Homecoming of Beorhtnoth* (New York: HarperCollins, 2001), pp. 68 - 70.

2 见 Humphrey Carpenter, *The Inklings: C. S. Lewis, J. R. R. Tolkien, Charles Williams, and their Friends* (Boston: Houghton Mifflin, 1979), pp. 42 ff。

3 见《哥林多前书》15：19 - 20;《歌罗西书》1：13 - 14。

4 Robert W. Jenson, "How the World Lost Its Story," *First Things* 36 (October 1993), pp. 19 - 24.

致　谢

你阅读的每一本书，没有多人的共同努力，单靠作者无法完成，本书尤为如此。

我要感谢本书的编辑布莱恩·塔特（Brian Tart），他给我提供了很好的增补和删减意见，他的编辑技能一向十分高超。另外，我也要特别感谢我的经纪人大卫·麦克考米克（David McCormick）。除了出色地处理正常的经纪业务之外，他还促成了"救赎主出版品牌"（Redeemer imprint）的诞生。本书即是这个品牌初熟的果子。

我最要感谢的是斯科特·考夫曼（Scott Kauffmann）和山姆·沙马斯（Sam Shammas）。他们负责救赎主教会的出版策划。事实证明，要将讲道转化为供人阅读的文字，并非想象的那么容易——至少不像我想象的那样简单。

《马可福音》或许是我事奉生涯中研读最多、传讲最多的一卷书。我编写过两套《马可福音》小组查经材料，讲道从头到尾讲过三遍，此外还引用其中经文有过多篇独立讲道。

所以，当有人建议将最近这些讲道转为文字出版成书时，我满以为这些内容只需稍作处理便可付梓。我真是太天真了！

我们的老朋友劳瑞·科林斯（Laurie Collins）是个法庭书记员。她先将讲道录音一字不差地整理成文字，连"嗯""呃"等语气词和不完整的句子都如实保留下来。然后，我们的新朋友露丝·戈林（Ruth Goring）接手。她把那些听道时不觉得有什么问题，阅读时却让人厌烦的口语化表述彻底清除。然而，处理后的文稿虽然干干净净，却毫无生气。然而马可笔下的耶稣生平却充满了震撼人心的生命活力。

最后，由于截稿日期临近，斯科特和山姆夜以继日地修改润色，眼前的这份终稿才焕发出它的生气。对于他们的付出和帮助，简单一句"谢谢"不足以表达我的感恩之情。所以，我将此书题献给他们，并盼望将来在更多的项目上能与他们继续同工。

图书在版编目（CIP）数据

十架君王/（美）提摩太·凯勒（Timothy Keller）著；王建国
译. —上海：上海三联书店，2018.12
ISBN 978 - 7 - 5426 - 5789 - 3

Ⅰ. ①十⋯　Ⅱ. ①提⋯②王⋯　Ⅲ. ①基督－生平事迹
Ⅳ. ①B979. 9

中国版本图书馆 CIP 数据核字（2017）第 000940 号

十架君王
——理解耶稣的生与死

著　　者 / 提摩太·凯勒（Timothy Keller）

译　　者 / 王建国

策　　划 / 徐志跃

合作出版 / 橡树文字工作室

特约编辑 / 刘　峣

责任编辑 / 邱　红

装帧设计 / 周周设计局

监　　制 / 姚　军

责任校对 / 张大伟

出版发行 / 上海三联书店

　　　　　　（200030）中国上海市漕溪北路 331 号 A 座 6 楼

邮购电话 / 021 - 22895540

印　　刷 / 上海惠敦科技印务有限公司

版　　次 / 2018 年 12 月第 1 版

印　　次 / 2018 年 12 月第 1 次印刷

开　　本 / 890 × 1240　1/32

字　　数 / 175 千字

印　　张 / 9.5

书　　号 / ISBN 978 - 7 - 5426 - 5789 - 3/B · 503

定　　价 / 48.00 元

敬启读者，如发现本书有印装质量问题，请与印刷厂联系 021 - 63779028